U0062373

亲美与反美

战后日本的政治无意识

〔日〕吉见俊哉 著

王广涛 译

上海译文出版社

目　录

序　章

战后的日本是亲美社会?

位于东京台场的自由女神像，透过彩虹大桥可以看到东京塔
（摄影：权旻娥）

一 日益高涨的反美浪潮

作为 "反美" 之体现的 "9·11"

自 2001 年 9 月 11 日纽约和华盛顿遭遇恐怖袭击事件以来，对恐怖袭击的恐惧和报复让美国陷入了"反恐"的怪圈不能自拔。美国武断地高举"反恐战争"大旗，要求同盟诸国并肩战斗，通过一场阿富汗战争重构了世界秩序，并重新确立了自身的优越地位。美国宛若一个焦躁不安的患者，非要根除身上的痼疾并再次恢复健康的体魄，方才心安理得。

在除掉阿富汗的塔利班政权并建立新政权之后，这位患者的自我强迫症仍然没有得到缓释。美国对世界上大多数国家的反对声音、部分国家追随的不情愿以及无数市民的反战运动置若罔闻，以持有大规模杀伤性武器为由对伊拉克发动单方面的"战争"。据报道，该国的总统看到阿富汗的塔利班政权崩溃在望时，拍拍脑袋说，"好吧，接下来是伊拉克"，其想法仿佛"头脑中忽闪忽灭的灯泡"。①事实上他本人早在上一年的年末就预告"明年是战争年"。标榜"自由"和"理性"的美利坚合众国沉迷于敲打"无赖国家"的除恶行动不能自拔。

"9·11"事件过去 4 年之后，美国所发动的战争才消停下来。萨达姆·侯赛因政权被推翻，伊拉克在美国强大的支持下成立新政权，但是，直到现在伊拉克仍陷在内战的泥淖中。布什政权虽然凭借其任性的外交政策在美国国内获得一时的自我满足，却给世界各地带来了为数众多的混乱。1989 年柏林墙倒塌之后曾给人带来无限遐想和希望的后冷战时代却在"9·11"事件之后给国际社会呈现出最坏的场景。

"9·11"事件对于大多数美国民众来说不亚于晴天霹雳，但是对于专家学者而言，却并非不可预测。惨剧发生两天后，正如苏珊·桑塔格（Susan Sontag）所正确主张的那样，恐怖袭击并非懦夫针对"文明"和"自由"的攻击，而是针对作为超级大国的美国的所作所为而发起的，有着严密因果链条的绝命反击。② 所以早在"9·11"事件数年前就已经有学者预言有可能发生针对美国本土的极端恐怖事件。进入1990 年代以后，世界各地频繁发生以反美为主旨的恐怖袭击事件，而美国的对外政策正是其招致全球范围内反美氛围渐趋强烈的主要原因。

例如，查默斯·约翰逊（Chalmers Johnson）在 2000 年出版的著作中提到，在整个 1990 年代，"针对美利坚帝国的反弹"呈扩大化的趋势。"反弹"（blowback）一词最初是指秘密情报人员在国外传播的谣言逆流到本国，并且产生意外后果的现象，后来其语意泛化，成为在国际关系中频繁使用的表述。

---

① 『朝日新聞』2003 年 3 月 27 日。（所引用的资料很多没有简体中文版故保留日语写法。——译者）
② スーザン・ソンタグ『この時代に想うテロへ眼差し』木幡和枝訳、NTT 出版、2002 年。

约翰逊指出，美国的民用飞机、大使馆等遭到爆炸袭击是出自某些人对美军空袭的反击措施，因此"在被一部分人定义为恐怖主义的同时，这些恐怖分子却成为另一部分人眼里的自由斗士。即使美国政府谴责恐怖主义攻击无辜的市民，但在这另一部分人看来，这是美国一直以来采取帝国主义行动而遭到的报复行为"。恐怖主义者们之所以选择毫无防备的美国市民下手，是因为他们知道，自己无法攻击在海上发射巡航导弹的美军舰队以及驾驶高性能轰炸机的美国士兵。①

另外，尼古拉斯·盖耶特（Nicholas Guyatt）在 2000 年出版的著作中指出，1990 年代美国政府的对外经济政策、军事安全政策及其介入联合国的方式等，导致在全球范围内产生了"对美国充满敌意、危险、广泛且数量还在不断增多的孤立地带"。盖耶特称，1971 年固定汇率制崩溃之后，支撑西方国家经济秩序的制度框架出现巨大的漏洞。1970 年代中期，国际金融秩序中既有的资金流动管制多数被撤销，此后数年，巨额资金游走于各国政府的管控范围之外，在全世界迅速流动。在这一波放宽管制的潮流中，尤以美国的金融资本独领风骚。它们积极向海外进行融资、投机并扩大对新事业的投资。不久后，发达国家的金融机构在持续出现通胀的发展中国家发现商机，民营银行向发展中国家提供的高利率融资日趋增多。

① チャルマーズ・ジョンソン『アメリカ帝国への報復』鈴木主税訳、集英社、2000 年。中文版参见，［美］查默斯·约翰逊：《反弹：美利坚帝国的代价与后果》，罗原译，北京：生活·读书·新知三联书店，2008 年版。

当然，这一全球性的泡沫危机很快以崩溃告终。1982 年发生的墨西哥金融危机是其肇始，其后多数国家因追求快速发展经济而陷入债务陷阱。美国政府对这些危机置若罔闻，并采用了"否定多数发展中国家破产的基本事实"的策略。美国采取的办法是延长债务国的贷款期限，以此来确保其偿还能力，并操纵国际货币基金组织（IMF）确保债务国到债权国的现金流，同时 IMF 也可借此监督发展中国家的经济结构调整。

与私有化和放宽管制相伴随的是在世界各地出现的新市场，精英阶层逐渐掌握更多的财富，而最贫困阶层则愈加贫困，既有的官僚主义型国家体制开始崩溃。以美国和 IMF 为中心推进的国际经济结构调整，让大银行和跨国企业成为全球市场中的获益主体，发展中国家的上层亦被纳入到既得利益的阵营内，国内贫富差距进一步扩大。美国"站在这一潮流的最前线，通过对外政策积极推进共识，并在智识领域强化其支配力度"。[①]

经济领域的体制转型与重组带来了政治和军事领域的变动。1970 年代诞生的撒切尔政权和后来的里根政权所代表的新自由主义霸权，以及伊朗革命、伊斯兰宗教激进主义的抬头恰恰是上述经济变动在政治上的体现。考察伊斯兰宗教激进主义在全球扩张这一大背景时，我们不能忽视的是贫富差距扩大，被歧视的贫困阶层不断增加的绝望感，以及宗

[①] ニコラス・ガイアット『21 世紀もアメリカの世紀か』増田恵里子訳、明石書店、2002 年。中文版参见，［美］尼古拉斯・盖耶特：《又一个美国世纪吗？——2000 年之后的美国与世界》，丁郡瑜译，北京：商务印书馆，2005 年。

教激进主义势力将该群体纳入互助网络的过程。1980 年代，在市场主义成为主旋律的背景下，全球范围内贫富差距的扩大以及与其相伴生的政治意识的分歧与分裂，向着区别于既往东西冷战对立结构的方向发展。这并不是单靠"文明的冲突"就能解释的现象，它同时也是全球资本主义内部冲突滋长的结果。

在此背景下，尽管美国会出于自身的国家利益而利用国际社会，但也可能会扼杀那些没有美国参与的国际机制。该国的总统常常无视获得联合国多数成员国支持的方案，比如《反地雷公约》以及设立国际刑事法院等，这些提案最初得到了美国的支持，但是到了关键时候美国总统却出尔反尔，拒绝在基于广泛共识的协定上签字。在海湾战争中最大限度利用了联合国之后，美国屡次置国际共识于不顾，当它自身需要国际社会的共识来谴责"无赖国家"时，就重视国际社会的作用，当不需要国际社会的时候却又公然拒绝来自国际社会的共识。

也就是说，与"9·11"有着密切关联的"对美国的憎恶"，其实是美国主导全球经济所带来的贫富差距等各类矛盾扩大并渗透到世界各地的必然结果。但是，海湾战争之后的美国，将冷战时对苏联"邪恶帝国"的修辞带到了冷战后，将那些违反美国意志的国家称为"无赖国家"，并以军事力量对其加以封锁。该政策反过来让这些国家把美国塑造成共同敌人，助长了"面对美国压倒性的绝对优势，恐怖主义是唯一选项"的想法。导致这一状况的根本性原因在于"对实力不均衡的认知以及因缺少能改变现状的政治手段而导致的深度挫折感"。如果国际社会不努力找到应对挫折感的"排气口"，那么可能"会迫使更多的人采取更激进、更极端的手段"来应对这一状况。①

倾向于 "反美" 的世界

问题是这一状况在今天非但没有得到改善，反而变得越发严峻。实际上在迈向伊拉克战争的过程中，美国国内与国际社会在对伊拉克动武的问题上存在着非常大的认知差异。美国皮尤调查中心（Pew Research Center）于 2002 年秋对 44 个国家所进行的舆论调查显示，赞成动武的人在美国占比达到 62%，反对的则只有 26%。与之形成鲜明对比的是，在法国赞成的比例是 33%，反对的比例是 64%；在德国赞成的比例是 26%，反对的比例是 71%；在俄罗斯只有 12% 赞成，反对则达到 79%。也就是说除美国以外的所有国家，反对动武的意见都大幅超过支持的一方。②

之后，《纽约时报》（*New York Times*）于 2003 年 2 月至 3 月的调查显示，74% 的美国人支持"布什的战争"，而法国国家电视台的调查中则有 87% 的法国人反对攻打伊拉克，德国《明星》（*Der Stern*）周刊的调查中有 84% 的人认为伊拉克战争不具有正当性。认为攻击伊拉克是出于确保石油利权这一不纯动机的人，在美国占比仅为 22%，而在德国、法国和英国分别占 54%、75% 和 44%。

---

① ニコラス・ガイアット『21 世紀もアメリカの世紀か』。
② 『朝日新聞』2003 年 1 月 15 日。

也就是说，在美国国内被视为"正义"的战争，在外部世界看来完全只是出于"利己主义"而已。截至伊拉克战争爆发之前，伴随着美国总统多次带有好战性质演说出现的是国际社会日益膨胀的反美主义。美国积半个世纪之功树立起来的国际威望急剧下降。

在上述 2002 年秋天展开的皮尤调查中，有一个关于是否"喜欢"美国的设问。相较于两年前，回答"喜欢"美国的比例在德国从 78％降至 61％，土耳其从 52％降至 30％，日本也从 77％降至 72％，韩国从 58％降至 53％。虽然降幅不一，但整体的下降趋势一目了然。回答"非常喜欢"美国的人在加拿大、墨西哥、英国和德国等国几乎没有，在埃及，回答"喜欢"的只有 6％。自第二次世界大战以来，美国在全球范围内如此不受待见尚属首次。

例如，2002 年至 2003 年间，驻韩美军致使女中学生死亡事件[①]持续发酵，韩国国内爆发了大规模抗议活动。美军一系列犯罪事件招致了韩国国民的愤怒，布什对朝鲜的敌对性发言给南北和解泼了冷水，该行为也让韩国政府和民众颇为不满。另外，盐湖城冬奥会上，韩国速滑选手因被判犯规而导致金牌被拱手让给美国选手，加上新一代战斗机引进计划所带来的疑虑等，都强化了韩国民众对美国的不信任感。在大多数韩国民众的意识中，美国所扮演的角色似乎并非保护韩国免遭北方（朝鲜）侵犯的守护者，反而给人的感觉是南北统一的障碍。

---

① 事件发生于 2002 年 6 月 13 日的韩国京畿道，驻韩美军第二步兵师的一个营在进行训练时，所属的一辆装甲架桥车于公路上撞死了两名当地的女中学生。

二 "亲美" 日本的历史谱系

日本异样的亲美意识

在此背景下，日本人仍然保持着异样的亲美意识。在伊拉克战争爆发前的 2002 年，"喜欢" 美国的日本人占比为 72％，超过韩国的 53％。[1] 之后，在全球范围内对美好感度整体低迷的状态下，日本仍旧保持较高的好感度。2006 年春，美国某舆论调查机构对 14 个国家的调查显示，在对美国抱有好感的回答比例中，英国为 56％，法国为 39％，德国为 37％，土耳其为 12％，而在日本竟然有 63％的回答者对美国抱有好感，该比例在所有调查对象国中高居首位。[2]

当然，日本国内舆论也不是对伊拉克战争完全没有反应。读卖新闻社与盖洛普咨询公司每年进行的《日美共同舆论调查》显示，伊拉克战争爆发后，日本民众的对美好感度逐渐下降，直到 2006 年这一趋势才得以扭转。其中，2001 年表示对美国 "信任" 的受访者占比为 51％，大幅超过 35％这一 "不信任" 的比例。伊拉克战争爆发后，日本民众对美国的信任度开始下降，2003 年的调查中回答 "信任" 的比例（41％）开始低于 "不

[1] 『朝日新聞』2003 年 1 月 15 日。
[2] 『読売新聞』2006 年 6 月 15 日。

信任"的比例（45％）。到 2005 年，"不信任"的比例达到 53％，"信任"的比例减少至 37％。到了 2006 年，"信任"的比例才开始回升到 41％。

基于以上调查可以推断，日本与其他国家同样反感布什政府荒唐的伊拉克政策。所以从 2003 年至 2005 年，日本舆论的论调从亲美向反美、厌美的方向微微倾斜，但是整体上来看亲美的基调没有发生转换。毋宁说，受到后来中国、朝鲜威胁认知增加的影响，"还是美国靠得住"的意识在日本国内再度扩大。布什政权蛮横的政策虽然引起了日本国内暂时性的反美感情，但是并未发展成为社会的主流。

而且，日本人的亲美意识并非近些年形成的，而是历经至少半个世纪以上塑造出的结果。例如，时事通信社自 1960 年起每个月都进行了"喜欢/厌恶的国家"舆论调查，通过这个调查就可以理解日本民众对美国好感度是如何积累和延续起来的。

根据上述时事通信社的调查，尽管 1960 年发生了轰轰烈烈的反对《日美安保条约》运动，当时"喜欢"美国的日本民众比例仍然达到 47.4％，"厌恶"美国的只有 5.9％。这跟对苏联的印象截然相反，当时"喜欢"苏联的只有 3.3％，"厌恶"的则达到 50.4％。尽管那是日本反美运动高潮迭起、社会主义的梦想还具有现实可能性的时代，但从全国层面来看，亲美仍然凌驾于反美之上，亲苏却远不及厌苏。[1]

---

[1] 室屋克実「日本人の『好きな国・嫌いな国』」『中央調査報』575 号、2005 年 9 月。

进入 1960 年代后半期，受到越南战争的影响，日本人中"喜欢"美国的比例降至 36％，到 1970 年代初期又进一步下降至 24％左右，即便如此，这一比例仍然高于同时期其他国家。越南战争结束后，日本的亲美意识再度上升，到 1970 年代后半期约为 30％，进入 1980 年代以后则达到 40％，到 1990 年代后半期再度超过 45％，最高时曾达到 47％。进入 21 世纪，随着伊拉克战争的爆发而下降 10 个百分点，回落到 35％左右。

总理府（现内阁府）的"外交相关舆论调查"自 1978 年开始每年都有对美亲近感的选项，几乎所有年份的对美好感度均超过 70％。例如，1978 年对美好感度的比例为 72.7％，1980 年为 77.2％，1985 年为 75.6％，1990 年为 74.2％，1995 年为 71.2％，2000 年为 73.8％，几乎没有变动。

这种对美好感度的超稳定结构与对华好感度形成鲜明对比。截至 1980 年代中期，日本人对华好感度整体都是超过 70％，到 1980 年代后期开始降低，1990 年为 52.3％，2000 年为 48.8％，2004 年为 37.6％，2005 年则下滑到 32.4％。可以看出，相对于长期稳定的亲美意识，日本在 20 多年的时间内，完成了从亲华到厌华的转换。

战后日本的繁荣得益于美国的庇护？

这种稳定的亲美意识，一般被认为是日美安保体制、自民党长期执政以及经济高速增长所带来的结果。战后的日本人普遍存在一种认识，那就是日本经济增长所带来的富足得益于美国的庇护，这是亲美意识得以巩固的根源。诚然，战后的日本经历过 1960 年代的反基地斗争和安保斗争，经历过日美经济摩擦，并不是在所有时期都那么亲美。即便如此，大多数日本人仍然认为战后日本经济的繁荣得益于美国的庇护，美国那样的富足社会正是日本发展的理想模式。

诚然，战后日本的经济发展得益于美国的庇护，但美国并非主观地想要庇护日本。对于同时代的美国来说，这是其推进全球战略的必要一环。1947 年冷战正式开始之后，美国逐渐改变民主化优先的对日占领政策，转而致力于将日本打造成西方阵营在亚洲的桥头堡。毫无疑问，中华人民共和国的成立是其方针转变的重要原因。如果中国能够诞生出亲美的政权，那么就可以有效阻止苏联的南下，而日本在东亚地缘政治中也不会具有如此决定性的重要作用。事实上正是社会主义中国的诞生，确立了日本在美国亚洲政策中的要冲地位。

对于当时的美国而言，在东亚地区建构能够防止共产主义势力进攻的军事防波堤，以及重建日本经济并将其打造成亚洲经济发展的核心，是其东亚冷战政策的两大要件。如果把这两大要件都压在日本头上，意味着日本要承担沉重的军事负担，这必然有大幅度延缓其经济复兴速度的风险。这是杜鲁门以及艾森豪威尔不愿看到的结果。让冲绳以及周边国家扮演防波堤的军事角色，而让日本本土专注于经济发展，成为打破这一困局的解决方案。麦克阿瑟是该方案的坚定拥趸，在他看来，即使让日本本土非武装化，只要能强化冲绳的战略要塞地位，就可以充分确保东亚地区的军事稳定。

这种分割也为同时期的东亚内部分工体制勾勒出了明晰的轮廓。李钟元在考察艾森豪威尔政权时期韩美日军事政策和经济政策的扭曲现象时指出,在 1950 年代,日本和韩国在美国的亚洲政策中被置于不同的军事-经济分工体制之下。也就是说,美国当时面临着削减财政赤字以及维持全球军事霸权的两难选择,权衡二者关系后,艾森豪威尔政权在东亚地区给出了两个选项——重视经济和优先军事。美国给日本、韩国、菲律宾和中国台湾地区分别安排了不同的角色。于是在整个 1950 年代,"在亚洲政策整体趋向于军事优先的背景下,对日政策则实现了向重视经济的方向转换,受到该政策的部分影响,韩国等其他亚洲前哨国家则被迫执行强化军事优先的政策,这也成为限制这些国家经济发展的重要原因"。[1]

如此一来,1950 年代中期以后的东亚,韩国、中国台湾地区和日本冲绳地区扮演了对抗社会主义阵营的军事基地角色,而日本则专心承担经济发展中枢的角色。1950 年代中期是"1955 年体制"形成以及日本经济高速增长的开端。此后皇太子成婚、家用电器普及、"神武景气"[2]、"岩户景气"[3]、东京奥运会以及大阪世博会等一系列令人振奋的

---

[1] 李鐘元『東アジア冷戦と韓米日関係』東京大学出版会、1996 年。
[2] "神武景气"是指 1954 年 12 月至 1957 年 6 月出现的战后日本第一次经济发展高潮。
[3] "岩户景气"是指 1958 年 7 月至 1961 年 12 月出现的战后日本第二次经济发展高潮。

事件鼓舞着日本民众向着高速增长的梦想迈进。这时，内在于日本的"美国"发生了结构性的变化，展现出其隐蔽的一面，即集军事暴力和消费欲望表里于一体的"占领者美国"形象开始向着大众生活全面铺开的"消费国家"形象转变。

结果，1950年代中后期以后，内在于日本本土的"美国"开始渐渐与基地、暴力等直接遭遇的记忆相分离，呈现出完全不同于其在日本冲绳、韩国、中国台湾地区等地的真实面貌。毋宁说，这种被媒体所过滤后的丰裕的消费主义意象，对本土的所有日本人都具有相同的诱惑力。

对一部分人而言，占领期间的美国是"解放者"，但对另一部分人而言，美国则是"征服者"。它是欲望的对象，同时也是恐惧的理由，既富有又颓废。对不同人而言，因阶级、年龄段、性别、地域以及个体偶然性的差异，美国呈现出无数个彼此互异的面貌。因为美国并非纯粹的"印象"，而是人们日常生活中能遭遇到的"现实"，这里的现实包括人们对美军士兵、制度变迁等的直接体验。

但是，进入1950年代中期以后，美国作为军事暴力的一面逐渐从日本人的日常生活中退却，同时又从另一个层面更加深刻地捕获了日本民众的"芳心"。1950年代中期以后，似乎和失去日常生活中与具体的美国的直接遭遇相反，作为象征的"美国"变得更加具体，并且日本人还在其中渗入了自身的角色和身份认同。也就是说，战后日本内在的美国在被间接化、媒体化、印象化的同时，反而成为了日本人从内部重组日常意识和身份认同的更高层次标准。

三 多重视角下的美国

拥抱帝国的视角

仅仅通过军事、经济等外部要素难以解释战后日本亲美意识的固化。军事上的日美安保体制以及经济高速增长所带来的消费欲望确实对战后日本社会的亲美倾向起到了助长作用。但是，仅靠这些尚不足以解释清日本人亲美意识的全部。观察战后内在于日本的"美国"，还需要其他深层次的结构性视角，这是本书希望厘清的内容。概而言之，本书尝试从日本民众的视角，考察从二战时日本在东亚的帝国主义到战后美国的全球霸权，并讨论这一结构中所存在的连续性。这里我拟将战后日本的后帝国情结与大众消费中的美式文化（内在于日本的美国主义）相结合展开讨论。

美国历史学家约翰·道尔（John W. Dower）曾针对战前日本的天皇制与占领期美军对日本的支配之间的结构连续性做过精到的分析。道尔并不认为占领只是旧势力对外来势力的一味服从，它同时也是天皇和日本旧统治阶层面对战胜国及其占领计划对自身的影响时，如何适应占领体制，以及采取何种"怀柔政策"来应对外来者的问题。①

道尔正确地指出，天皇没有被追究战争责任是日美合作的结果，占领军与日本统治阶层在这一问题上利害一致，从而巧妙地处理了天皇的战争责任问题。这种"拥抱"的结果导致在一些重大问题被弃置的状况下塑造出了战后日本社会的基本构造，认识到这一点十分重要。占领体制"拥抱"了支撑战争总动员的天皇制，这让那些曾经遭受帝国日本蹂躏的亚洲民众没能在战后对日本的占领政策中扮演重要角色，也没有获得具有影响力的发言权。

道尔的研究固然具有重要意义，但也存在不可忽视的死角。他看到了从战时到战后的连续性中，战败国的民众如何将多样的欲望进行彼此衔接。道尔指出："日本社会各个阶层的民众都经历了战败的苦难，也迎来了再出发的机运，我尽我所能聆听了他们发出的声音。"所以，在他的著作中我们可以读到占领期民众"多样的、饱满的、充满矛盾的各种反应"。

但是，从整体上看，道尔的文章在论及政策制定者时笔锋犀利，而在论及普通民众，特别是贫困层、中间阶层以及农民时则又相对柔软。在描述这些群体时，相较于对战前的连续性，他更多强调的是"战败"给这一群体带来的解放机遇。民众反应的多样性在文中得到强调，但是

---

① ジョン・ダワー『敗北を抱きしめて——第二次大戦後の日本人（上・下）』三浦陽一・高杉忠明・田代泰泰子訳、岩波書店、2000年。中文版参见，［美］约翰・W.道尔：《拥抱战败：第二次世界大战后的日本》，胡博译，北京：生活・读书・新知三联书店，2015年。

没有充分阐明构成这一多样性基础的脉络，也没有解释清民众在超越国民国家①边界意义上的互动如何构成。该书虽然生动地描述了日本人的坚韧和主动性，但是对上述更深刻的问题的讨论却让人有意犹未尽之感。

要追问这些深层问题，即使研究的是战后日本的国民大众，也必须基于日本曾经在亚洲的所作所为，从其曾试图打造之帝国这一视角的连续性上去思考。虽论述略显粗糙，但查默斯·约翰逊正确地指出，与冷战期间苏联将东欧置于其保护伞下的帝国化行径相同，美国也将东亚置于其势力范围内，构建了所谓亚太地区的后帝国秩序。这一势力范围具体包括日本、韩国、泰国、当时的南越、老挝、柬埔寨、菲律宾等国家和中国台湾地区。② 毫无疑问，这一后帝国秩序的形成，某种意义上正来自于日本殖民地体制崩溃之后美国对日本帝国殖民统治圈的继承。

实际上，以乔治·凯南（George F. Kennan）为中心的美国国务院政策组所制定的东亚战略重点，就是要把日本置于美国的霸权之下，并将其复活成为亚洲的经济大国。日本必须成为对抗大陆社会主义阵营的自由经济包围圈内的中坚力量。这一构想从某种程度上而言是"大东亚共荣圈"的复活，只不过其军事角色由美国代为行使。受到中国革命以及朝鲜战争的影响，美国将东北亚作为日本经济大后方的构想遭遇挫

---

① 国民国家（Nation-state）：也译成民族国家，一般认为产生于威斯特伐利亚体系诞生之后，指国家基于领土-主权原则下其政治疆域与文化边界相契合的区域，如今一般也理解为主权国家。
② ジョン・ダワー、『敗北を抱きしめて——第二次大戦後の日本人（上・下）』。

折，在此之后，东南亚开始发挥日本经济腹地的作用。美国在 1940 年代制定的这一亚洲战略，是日本、韩国等国家和中国台湾地区直到 1980 年代末仍保持稳定发展的前提条件。[①]

在这一战后秩序中，日本民众是如何形成与美国的"拥抱"关系呢？倘若说战后美国所主导的后帝国秩序是继承了战前日本的帝国主义，那么也可以说战后日本在美国的霸权体系下被解除军事负担的同时仍然是一个"准中心"，承担着经济发展的中心角色。换言之，对于这些生活在帝国中心部（即"日本本土"）的民众而言，他们曾经享有的地位并未完全丧失。毋宁说，战后的日本民众恰恰是通过"拥抱"美国这一拥有优越地位的他者的渠道，渐渐忘却了与亚洲的关系，并建构了新的自我认同。

作为他者的美国主义

基于上述问题意识，本书着重思考近现代日本日常意识中的美国主义（Americanism）。对于这一路径来说，最重要的是认识到"美国"既是地理意义上的"合众国"，同时也是超越其国界的全球性存在。换言之，美国是一种双重性的存在，它既是一个国家，同时也是一个"世界"。基于这一矛盾和联动的构造，我们需要认识到，美国化和美国主义既是统合美国社会的文化过程和原理，同时也是外部世界向其投射并

---

① ブルース・カミングス「世界システムにおける日本の位置」アンドルー・ゴードン編『歴史としての戦後日本』上巻、中村政則訳、みすず書房、2001 年。

接受其原理的过程。

对于 20 世纪的世界各国而言，美国既是他者又是自我。美国主义既是美国作为一个国家的内在价值体系（自我指向的美国主义），同时也如爱德华·萨义德（Edward Said）所说的东方主义（Orientalism）以及诸如西方主义（Occidentalism）之类的术语指出的那样，是通过"作为他者的美国"这一视角所建构出的关系结构（即"他者指向的美国主义"）。两者彼此矛盾，却又复杂地相互作用。对于当前世界上情况复杂的各个地域，我们都可以通过反问美国主义的二重性在其中究竟发挥了怎样的作用来对其进行解析。

美国化和美国主义并非限定在北美大陆的现象，而是在当前世界的各个角落不断重构。为此我们需要从世界史的宏观视角讨论这些数量众多的美国主义。在过去的一个世纪，无论是对于本土的美国人还是世界各地的人们而言，"美国"都具有"自我"兼"他者"的双重结构。这一结构在现实中的文化实践和现象中不断得到检验。研究 20 世纪美国主义的文化地缘政治学时，我们可以通过具有不同身份属性的"美国"，通过为世界各地所接受的过程中不断变化发展的"美国"，来对其进行考察。

其中也有法国这样将美国作为对抗性的他者，并以此来重构自我身份认同的国家。理查德·库索尔（Richard F. Kuisel）指出，在二战后法国人寻求自我身份认同的过程中，美国扮演了重要的反衬角色。对于战后的法国人而言，"美国"并非只意味着购买到的柯达胶卷或是牛仔裤等标准化产品这么简单，它还包括高工资、社会流动、新产业组织、经营手法、市场战略以及以大众消费为基轴的生活方式。换言之，从文化价值和社会模式来看，对法国人来说，"美国"是不可忽视的存在。"美国"在战后法国人的意识中是极具诱惑性同时又带有威胁性的他者，这催生出了法国人重塑自我的集体意识。这一逻辑一旦产生，就会给外界一种"法国人厌恶美国"的固有印象。可以说，法国人是将美国作为他者进行外部化、固化处理，以此来强化法国人自我身份认同的意识构造。①

此外，亲身经历过后殖民时代的菲律宾人甚至比美国人还要熟谙美国的大众文化（正如日本人制造的电器比发明它们的美国人制造的还要精巧），但是他们的生活却被置于与美国人完全隔绝的境地。卡洛斯·布洛桑（Carlos Bulosan）对一战后历经苦难的菲律宾人吸收"美国"的过程有过精彩的描述。

他出生于 20 世纪初期菲律宾中部的伊洛克②农民家庭，彼时菲律宾的独立运动遭遇挫折，亲美特权阶层掌握政权，"一步地将菲律宾经济带入深渊"。菲律宾的年轻一代对美国有着异乎寻常的痴迷，这是长辈们完全无法理解的行为。贫苦的百姓为地主阶层艰辛劳作，年轻人却受时代风潮的影响，美

---

① Richard F. Kuisel，*Seducing the French*：*The Dilemma of Americanization*，University of California Press，1993.
② 伊洛克人（Ilokos），又称伊洛卡诺人，是菲律宾第三大族群。

其名曰"反传统"。布洛桑本人也积极学习英语，带着对贫困少年"亚伯拉罕·林肯"的敬仰，认真考虑赴美打拼事宜。

但赴美之后，他目睹的却是露骨的暴力、种族歧视、资本压榨、贪污腐败，其中很多都是他在菲律宾不曾见过的残酷野蛮的现象。在经历了赌场的纸醉金迷之后，他终于决定通过写作来找回自己。

布洛桑通过文学来重新发现美国，在他的笔下，即使现实的美国腐朽透顶，"但构成这个'美国'的正是我们自己，无论是本土出身者还是外来移民，无论是高学历的精英还是目不识丁的文盲"。[①]

法国和菲律宾两国，不仅社会结构和经济状况不同，在各自的美国主义的构造上也存在很多差异。要言之，法国是把"美国"作为外部的他者来处理，并从与之的对抗中树立起自我认同；而菲律宾则是将自身置于"美国"之中来建立自我认同。尽管有这样那样的区别，这些案例至少表明，对于第二次世界大战后的世界而言，"美国"已经成为众多社群想象并塑造自我的重要媒介。由此，我们可以具体回溯战后掌握世界霸权的美国这一"他者"是如何在战后各国家、社会的自我认同建构过程中发挥作用的。

与此相对，战后的日本社会以世界上绝无仅有的热情推进了美国式的消费。处于冷战期的美国发现，这些昔日日本帝国的末裔现在已经成

---

① カルロス・ブロサン『我が心のアメリカ——フィリピン人移民の話』井田節子訳、井村文化事業社、1984 年。

为追随美国的模范，日本社会整体已经有能力以"美国"作为先进的模板来重新建构自我。1950年代以后广泛存在于日本的"美国"消费体系，见诸动漫、电视剧、歌曲甚至迪士尼乐园，滋生出无数被重新装点的"美式日货"。同时，以此类美国主义为媒介，日本亦开始重构战后的自我身份认同。

本书各章从既作为自我、又作为他者的美国这一双重视角出发观察日本社会，考察日本在同这个他者形象打交道时如何建构自我的过程。第一章主要考察从幕末到战前日本的美国形象的变迁。该章将提纲挈领地讨论美国从"自由"的圣地发展成为大众文化层面的"美国主义"这一形象变迁的过程，同时也将现代主义中关于性别议题等的讨论囊括在内。

接下来的三章主要考察战后日本对"美国"的接纳过程。具体分为三个空间层面来展开讨论，即作为国土空间的麦克阿瑟与天皇、作为都市空间的红灯区与海滩、作为居住空间的占领军住宅与家电。按照年代来划分的话，第二章主要讨论占领期，第三章涉及1940年代到1950年代，第三章则以1940年代到1960年代为中心。整体上而言，本书主要考察从占领期至1960年代美国主义在日本的多重作用。在战后日本对美国多重认知变化中，哪些已经断绝，哪些被忘却，以及受此影响下建构了怎样的战后主体——本书将把这些作为一个整体，来回答战后日本如何以延续战前的方式来建构后帝国秩序这一问题。

序章的最后，我想简单讨论一下本书副标题中的"政治无意识"一词。该表述直接受益于弗雷德里克·詹姆逊（Fredric Jameson）所著《政治无意识》① 一书。本书希望用这一表述来思考战后日本人日常意识维度中无意识的部分，显然该部分是经过历史长期发展建构而来。诚如詹姆逊所述，这里所谓的"无意识"具有彻头彻尾的政治性。我认为历史并非单纯的叙事或文本，这也是本书的立场。我接受詹姆逊的主张："作为缺席原因的历史，既然除了文本形式之外无法传达给我们……我们就必须先将这个政治无意识的部分予以叙事化或者文本化。"

也就是说，我们所体验的历史，往往是用相互关联的文本复合体的形式整合诸多的历史事件。在文本累积的过程中，重要的是将历史文本化纳入实践，文本会创造出某种可能性，也会忘却别的可能性。这种被创造出的可能性往往会成为我们自身观察社会的方法，从而发展成为所谓的"历史事实"，其实这是一个政治性的过程。本书中出现的麦克阿瑟和天皇的形象、美军基地、士兵以及生活方式领域中家用电器化的形象等，只是无数可以化为文本的现象中的几种而已。本书将关注这些文化现象，重点考察在战后日本，"美国"是如何介入日本人的政治无意识，以及其作为一种评判标准是如何发挥出作用的。

因此，本书的目标并非将日本国内亲美与反美的具体表现以二元对立的形态加以呈现。产生亲美与反美路径背后的文本化实践、不能通过

---

① フレドリック・ジェイムソン『政治的無意識——社会的象徴行為としての物語』大橋洋一・木村茂雄・太田耕人訳、平凡社、1989 年。中文版参见，［美］弗雷德里克·詹姆逊：《政治无意识：作为社会象征行为的叙事》，王逢振、陈永国译，北京：中国社会科学出版社，1999 年。

二元对立的图式来解释的关联与冲突，以及在不同层面文本的相互碰撞中，在半无意识状态下进行的各种实践，这些都构成了这一课题的复杂背景。本书的目标正是要弄清楚在这一背景下，近现代日本人是怎样与这些被冠以"亲美"或"反美"之名的各种现象相衔接的。通过这些进一步的分析，我希望能够澄清 20 世纪全球军事政治意义上的地缘政治与人们日常生活所体验到的意义、欲望和感情等之间的联系。这一联系显然不能用单纯意义上的经济基础与上层建筑、宏观与微观、文本与内容等所谓二元论式的衔接来解释。

第一章

作为近代性的美国："自由圣地"与"鬼畜美英"

佩里提督的肖像版画
（太陽コレクション6『かわら版・新聞　江戸・明治三百事件Ⅱ』平凡社、
1978 年。）

一 美国驾着黑船而来

漂流民眼中的美国

在一般人的印象中，美国是驾着黑船来到日本的。但事实上却不尽然。早在19世纪初期，幕府便通过荷兰或中国了解到有关美国的各种信息。到了19世纪中期，又经由中滨万次郎（约翰·万次郎）、滨田彦藏（约瑟夫·彦）等在太平洋上被美国船只搭救的漂流民，与之有了直接的接触。

土佐①渔民万次郎回国是在1851年，比佩里（Matthew C. Perry)②来日本要早两年，并于1853年出版《漂流记》一书。播磨③船夫彦藏回国是1859年，他的《漂流记》于1863年出版。除此之外，自1830年代开始，也陆续有日本人在日本近海遭遇海难之后漂流到美国并与美国本土有直接接触的案例。1832年从知多半岛赴江户途中遭遇海难的音吉即是一例。他漂流到温哥华附近，而后在美国上陆，本想搭乘"莫里逊号"商船回国，不料到达日本后却遭到幕府拒绝而没能成功回国。此外还有1838年漂流到夏威夷、1845年经鄂霍次克海回国的次郎吉，他在回国之后马上被幕府囚禁，留下《蕃谈》一书，回顾了其漂流见闻。

漂流民与美国接触增多的重要背景是太平洋海域捕鲸船活动的日益频繁。当时，鲸鱼油作为照明燃料的需求扩大，美国籍船只在太平洋出没的次数与日俱增。这些船在太平洋中的各个岛屿停靠补给。到了1830年代，美国人、英国人和以海上船只为目标的海盗等陆续占据了此前为无人岛的小笠原群岛④。到了19世纪中叶，父岛⑤已经成为在西太平洋海域中航行的捕鲸船的重要停靠港。就这样，"美国"越过加利福尼亚的海岸线，西贯太平洋，逐渐逼近大洋彼岸。

对于这些漂流民而言，"美国"究竟是一种怎样的存在呢？如万次郎在《漂流记》中写道，近些年的美国比荷兰还要开放，"该国的政治大致与日本相当"，鸟兽基本上与日本相同，"切支丹⑥之流，在彼国亦是禁忌"。万次郎并没有看到美国革新的一面，其认知框架更多只是关注美国与日本的相通之处。与之相对的是第一位获得美国公民权的日本人彦藏，他在《漂流记》中对美国的总统选举、行政架构、宗教、司法制度以及家庭日常等进行了非常准确的观察。龟井俊介据此认为，万次郎的《漂流记》的内容"除了漂流冒险谈之外再无其他"，而彦藏的《漂流记》则"系统性介绍并大胆赞美了美国历史、政治、法律、宗教、

---

① 今日本四国高知县一带。
② 马修·佩里是美国海军将领，因1853年率领舰队打开日本国门而闻名（这一事件又称"黑船来航"或"佩里扣关"等）。
③ 今日本兵库县南部姬路市一带。
④ 石原俊「海賊から帝国へ――小笠原諸島における占領経験の歴史社会学・序説」ダニエル・ロング編著『小笠原学ことはじめ』南方新社、2002年。
⑤ 父岛是小笠原群岛中最大的岛屿。
⑥ 日本在战国、江户及至明治时代初期对国内天主教徒的称呼。

教育、风俗"。① 彦藏后来创办了近代日本最早的报社，说他是早于福泽谕吉推广美国主义的人也许并不为过。

提督的肖像

总之，这一切最终促使了佩里的到来。"佩里来航"并非偶然的际会，而是 19 世纪太平洋地区地缘政治变化的必然结果。佩里提督曾在来航前几年爆发的墨西哥战争中担任美军舰队司令官，在来日之前被任命为东印度舰队司令官，是美国海军的核心将领。可以说，早在麦克阿瑟空降厚木基地的一个世纪前，美国就已经将日本列岛纳入其太平洋战略的视野范围内。

佩里这位将军来历不凡。当时西班牙当局默许海盗在加勒比海域附近肆意袭击美国籍船只，而美国方面镇压海盗的是以帆船为主力的海军。佩里将这支海军整编为蒸汽船舰队，同时通过排挤外国雇佣兵的方式推动了海军士兵的本土化。在佩里的领导下，军船、商船同海盗船界限模糊的状态得到改变，确立了"军船"保护"商船"并镇压"海盗"的关系。② "佩里来航"不仅意味着美利坚合众国的霸权向太平洋扩张，同时也是近代国家逻辑在海洋领域贯彻实现的结果。

关于黑船来航给幕末日本政治意识带来的重大影响，已经有相当多

---

① 龟井俊介『メリケンからアメリカへ』東京大学出版会、1979 年。
② 石原俊「水兵たちと島人たち、あるいは〈治外法権〉の系譜学——琉球＝沖縄における蒸気軍艦の衝撃をめぐって」西成彦・原毅彦編『複数の沖縄』人文書院、2003 年。

的研究积累，本书在此不再赘述。值得一提的是，佩里提督可以说是日本大众媒介中第一位被以视觉化形象直观呈现的公众人物，甚至早于明治天皇、西乡隆盛以及明治政府的元老。事实上，在幕末时期以锦绘和版画为中心的木刻媒体中，"黑船"和"佩里"是使用最频繁的题材。① "提督的肖像"先于"元帅的肖像"，更先于"天皇的肖像"在民众中普及。

在幕末日本，佩里的肖像作为他者形象的集大成者而风靡一时。漂流民的"漂流记"陆续出版，加上以"横滨绘"② 为代表的浮世绘作品所带来的视觉冲击，都丰富了日本人对美国这一异邦的想象。实际上在幕末维新期的日本，主导日本"开化"的不是英国、法国，而是美国。英国以及稍后的德国在日本的影响力上升始于明治国家体制确立的过程中。所以龟井俊介才主张从幕末到明治初年，日本的"开化即美（国）化"，这要早于明治十年之后的所谓"开化即欧（洲）化"。

美国与自由民权思想

对于幕末的日本人而言，普通民众与美国的相遇主要来自于漂流民不同版本的"漂流谈""黑船"以及"佩里提督"的形象，而倒幕志士和思想家们则更多是受到美国"自由"观念的影响。龟井的研究表明，横井小楠、坂本龙马、中冈慎太郎等有共和政治倾向的倒幕志士都抱有

---

① 木下直之・吉见俊哉编『ニュースの誕生』東京大学出版会、1999 年。
② "横滨绘"是江户时代至明治时代流行的一种浮世绘，主题以横滨开港的商馆、洋行以及异国风情为主。

将自由国家美国视为新国家建设的范本的构想。

拥有这一志向的不仅限于倒幕派，幕府崩溃之时固守箱馆五稜郭并成立"北海道共和国"的榎本武扬以及自由民权运动中活跃的马场辰猪、植木枝盛等激进派人士都多少受到了美国共和思想的影响。美国作为自由之国的形象，在植木那里被高度理想化，并以此作为其民权思想的重要依据来加以使用。[1]

自幕末到维新初期，对大多数日本人脑海中的美国形象产生决定性影响的是福泽谕吉的著作。福泽在1860年《日美修好通商条约》批准换文时，作为幕府使节团军舰奉行的随员初次访美，两年后他又作为幕府使节团的一员访问欧洲。基于自身访问的经验以及书本上的知识，福泽于1866年出版了《西洋事情》一书。《西洋事情》对明治时代的日本人了解西洋产生了莫大的影响。福泽认为美国是"基于纯粹的共和政治、真实的民选代议士集会议政、毫无私利之国"，并认为美国实现了理想的"自主任意"政治。

福泽于1867年再度赴美，这次他将其观察汇总在著作《西洋旅案内》，并于1869年出版插图本大众启蒙著作《世界国尽》，以更广泛的读者群为对象，将美国的"自由"以极为理想化的形态呈现给日本民众。福泽谕吉的思想与其对美国的认识有着密切的联系，在其著作《劝学篇》中有这样一句经典名言，"天不造人上之人，亦不造人下之人"，

---

[1] 亀井俊介「自由の聖地」亀井俊介・加藤秀俊編『日本とアメリカ』日本学術振興会、1991年。

其实这是福泽谕吉根据美国独立宣言而做出的解读。因此，通过福泽的介绍，"自由"的美国形象得以印刻在明治初期日本人的认识框架中。

二 对 "自由之国" 的憧憬与挫折

基督教与美国的 "自由"

明治初期美国形象在日本人中的渗透得益于基督教传教士以及教员的积极活动。当时在日本活动的传教士尤以美国人居多，例如在大学南校①担任教务主任的奎多·沃贝克（Guido Verbeck）、熊本洋学校的简斯（Leroy Lansing Janes）、札幌农学校的克拉克博士（William Smith Clark），此外还有位于横滨的布朗塾、赫本塾（明治学院）、基德尔（Mary Eddy Kidder）女士创立的女校（菲利斯女学院），以及新岛襄所创立的同志社等，这些学校的创立表明美国的基督教对明治初期的教育界具有重要的影响力。实际上，宗教意义上的美国主义早在幕府末期就已经生根发芽，并体现在诸如幕末在美国基督教教区有过生活经历、之后奠定明治国家教育体制的森有礼，以及受到札幌农学校克拉克博士影响而受洗、后赴美留学的内村鉴三和新渡户稻造等人身上。

---

① 现日本东京大学前身之一，最初为幕府末期的开成所，明治维新元年改称开成学校，之后改称为大学南校，以西洋教育为主。

这里尤其值得一提的是内村鉴三。在札幌农学校就读期间，内村受到虔诚的卫理宗教徒克拉克博士的影响，受洗成为卫理宗教会的教徒，对他来说，美国作为"自由的圣地"是一个极为理想化的存在。不过在1884年，这位虔诚的基督教徒前往"圣地"之后，看到了世纪末期"拜金主义"在美国的盛行。苦恼于理想与现实的巨大落差，内村决心从更深的层面挖掘美国的理念。内村的复杂立场在其1895年出版的英文著作《我是如何成为基督信徒的》（*How I Became a Christian*）中描述得淋漓尽致，该书随后被翻译成欧洲多国语言，一举奠定了他在世界范围内的知名度。

在书中，内村笔下的主人公"通过英语这个'搬运车'学到了一切高贵、有用、向上的东西之后，怀抱着对基督教文明优于其他异教文明的虔诚信仰，来到了心灵的'圣地'——美国"。可到了美国之后，这一"高洁"的美国形象开始从根底崩溃。主人公在美国的多数经验只徒增了他对"金钱万能"这一观念的认识。而且，"民众之间依然存在着根深蒂固的种族偏见"，这个国家在他眼中开始越来越像异教国家了。美国人对印第安人和非洲人的感情有着非常强烈的非基督教色彩，"他们对中国人的偏见、嫌恶和反感甚至是在我们这些异教国家都从来没有出现过的"。傲慢和歧视意识在美国大地上大行其道。内村对美国的批判以拜金主义和种族歧视为中心，进而拓展到美国人的赌博倾向、对拳脚暴力的热衷、大量的朗姆酒交易、政治煽动、资本压榨、贫富差距等各个领域的矛盾。他最终得出结论，19世纪末存在于美国的，哪里是什么高尚的基督教精神，有的只是复杂的社会和混乱的秩序、狂暴的行为和与之配套的监狱，以及庞大的贫困阶层而已！

作为理想的美国形象与现实的美国社会之间产生的强烈反差让内村陷入了痛苦的挣扎，而他的这一态度与明治中期以后众多知识分子的美国认识在根本上是相通的。对明治初期的基督教知识分子而言，美国被认为是贯彻"自由"理念的"圣地"。但是，这一乌托邦式的美国幻想却一次次被现实体验所背叛，呈现给他们的是丛林法则下肆无忌惮的竞争、贫困腐败以及人种偏见泛滥的病态国家。这两个"美国"充满矛盾，互相悖离并时而彼此冲突。内村在抨击美国充满欺骗性的一面的同时，又在抽象化的层次对美国理想化的一面加以吸收，最终他成为了一名无教会主义者。

然而进入明治中期以后，美国形象的分裂仍然如旧，这一时期步内村后尘赴美的则是文学家和艺术家们。

永井荷风与有岛武郎的美国体验

明治末期，充分意识到美国形象分裂的代表性文学家首推永井荷风和有岛武郎。荷风的早期作品《美利坚物语》（『あめりか物語』，1908)①，有岛的《一个女人的面影》（『或る女のグリンプス』，1911—1913）以及代表作《一个女人》（『或る女』，1919)② 等作品都敏锐地

---

① 中文版参见，［日］永井荷风：《美利坚物语》，向轩译，南京：南京大学出版社，2010 年。
② 中文版参见，［日］有岛武郎：《一个女人》，商雨红译，上海：东方出版社，2004 年；［日］有岛武郎：《一个女人的面影》，张正立译，福州：海峡文艺出版社，1991 年。

捕捉到了日本人的美国意识在现实面前所遭遇的巨大反差。

荷风在 25 岁后大约有 4 年是在美国度过的，在此期间他以独特的嘲讽、冷静的笔触深刻描绘了美国社会的两面性以及赴美的日本人所遭遇的困难和绝望。在他的作品中，有在小城市的大学中投身基督教事业的青年，有不喜欢美国的伪善却可以挣脱日式父权制羁绊的女性，他们都在美国享受快乐的人生。"自由之国除了爱的福音之外，没有违背人类自然情感的烦琐礼教。"另一方面，如作品中人物独白所述，"没有哪个社会比美国在道德上更加腐败"。靠拉皮条生意来苟延残喘的精明日本人、移民的悲惨命运、习以为常的种族歧视等"阴暗面"在其作品中得到了淋漓尽致的刻画。该作品与日俄战争后日本文坛"自然主义"的勃兴相契合，让荷风一跃成为文坛的新星。

不过，在明治末期的作家中，要说最能把美国深刻内化且在文学世界中留下烙印的人非有岛武郎莫属。在其著作《一个女人》中，女主人公的母亲是一位伪善的基督教徒，受到母亲的强烈影响，公然挑战礼俗常识的女主人公为了与再婚对象相会而只身前往美国，最终却没能登陆而折返回日本。她在赴美的轮船上这样畅想美国："女人的魅力就是能力，我肯定能够超脱陈规陋俗的束缚，凭借个人能力在美国生活下去。只要有才能和力量，女人亦可以不靠男人而获得社会的认可，女人也可以挺起胸膛自力更生。"她曾决定"要作为女人在美国寻找生存下去的位置"，结果却被轮船事务长的肉体所吸引并与其热恋，最终无功而返。返航，也意味着她悲惨结局的开始。

有岛在作品中写道，女主人公在经历过日本明治时代非同寻常的觉醒之后，认识到最可怕的敌人就是男人。男人们在女性温柔乖顺的时候殷勤可亲，一旦女性尝试自我独立，男人们立马翻脸变为可怕的暴君。相对于被这种压抑性的男权支配的日本，美国则象征着脱离这一体制的外部空间。但是，故事的女主人公并没有到达美国。没能到达的原因在于她内心的不安，这种身心无处安置的感觉让她无法自我解放。毫无疑问，故事的女主人公其实也是有岛自身的投影。有岛本人也屈服在自己无法打败的父权制的权杖下，最终抱着深深的不安而殉情。

作为"异托邦"的美国

柄谷行人认同本多秋五的有岛论，认为有岛作品难以被定位的原因在于其文学游离在"日本文学史"的空间之外。但是，柄谷并不把这种游离归因于其在美国生活的经历以及对沃尔特·惠特曼（Walt Whitman）等人所代表的美国文学的推崇。有岛的游离，本质上是对《一个女人》所批判的父权制日本的游离，以及对无法到达"美国"这个彼岸的自我的真实反映。如柄谷所说，有岛是一位具有敏锐空间感的作家。"一个女人"不在"美国"，也不在"日本"，而是在"海洋"上漂荡。或许这也是有岛的个人"空间"，这个空间既非实体，也非虚无，而是为强调差异性而设定的"场所"。①

---

① 柄谷行人『批評とポスト・モダン』福武書店、1985 年。柄谷行人是日本著名文艺理论家、思想家，代表作有《日本现代文学的起源》等多部。

然而对于有岛来说，这个为了强调差异性而设定的"场所"不就是美国本身吗？对他而言，"美国"是一个"异托邦"（heterotophy），"它不可能是一个能够安置自我的空间，也不可能是一个框定万物之下共同的场所"。①

有岛的"美国"与其恩师内村鉴三的"美国"有着根本性的差异。内村的"美国观"最终回归到对日本的身份认同上，而有岛的"美国观"，在栗田广美看来，则蕴含着自我身份认同的丧失。换言之，"有岛遇见'美国'之后所面临的现实是自我认同——包括'作为日本人的身份'和'作为基督徒的身份'在内的'整体世界观'——的剥落"②。

关于有岛上述自我意识的形成要因，我们姑且不论栗田的假说成立与否，至少可以确定的是，有岛与美国的相遇，相较此前的福泽谕吉和滨田彦藏自不待言，甚至与内村鉴三相比也是在完全不同的层面产生的。对彦藏和福泽来说，"美国"只是单纯地被看作"自由之国"而理想化。而内村则不得不揭穿批判理想的美国与现实的美国之间存在的明显乖离。但是到了有岛这里，已经丧失了这种理想化与揭穿、批判的统一性。在这里，美国自身出现了无法统合的分裂性，这恰恰也反映了有岛个人在认知维度上的敏感。

① ミシェル・フーコー『言葉と物』渡辺一民・佐々木明訳、新潮社、1974 年。中文版参见，［法］米歇尔・福柯：《词与物：人文科学的考古学》，莫伟民译，上海：上海三联书店，2016 年。
② 栗田廣美『亡命・有島武郎のアメリカ』右文書院、1998 年。

三 如今 “非美国” 的日本在哪里？

“大正民主”① 与 “美国”

前面我们简单介绍了幕末维新期以来日本人与美国的相遇。进入“大正民主”时期以后，美国的威尔逊主义在日本广泛传播，这在本质上来讲仍然位于幕末以来基于“自由”为核心的共和政治观念的延长线上。众所周知，大正时期威尔逊主义的倡导者是吉野作造。吉野于1916年在《中央公论》上发表了名为《论宪政的本意兼及有终之美的方式》（『憲政の本義を説いて其有終の美を済ますの途を論ず』）的文章，强调内政中的民本主义以及外政（外交）中的国际平等主义。此外吉野认为，威尔逊所提出的国际联盟构想正是国际主义的表现，符合一战后世界以及日本的共同利益。

吉野作造在第二高等学校就读时受洗，就读东京帝国大学法学部后则在本乡教会接受海老名弹正②的教导。他将基督教信仰与民主的思想相结合，其思想不仅吸纳了威尔逊的基督教人道主义，同时也与内村鉴

---

① “大正民主”泛指1912年至1932年日本政党基于现代民主制原则治理日本的一段时期，因为大部分时间处于大正时代而得名。
② 海老名弹正（1856—1937），日本教育家、哲学家、基督教传教士和牧师，他以宣扬“神道基督教”的言说而闻名，曾担任同志社大学的校长。

三和新渡户稻造的思想一脉相承。受到吉野言论的影响，大正时期的民主被视为生发自美式理念的根基，由此获得了广泛的支持。但是，受到俄国革命的爆发、威尔逊时代的落幕以及第一次世界大战后历史性变化的影响，以威尔逊主义为代表的美国主义在日本国内的影响力快速衰退。

大正时代日本国内对美国主义的接纳远比明治维新时期复杂。事实上，日本国内的保守派对威尔逊的国际主义一直持怀疑态度。例如，近卫文麿于 1918 年在《日本及日本人》杂志上发表题为《驳斥英美本位的和平主义》（『英米本位の平和主義を排す』）的文章，指出英美所谓的人道主义以及成立国际联盟的主张背后反映的是其维持固有的帝国主义统治秩序现状的意图，日本不能对此照单全收。近卫进一步指出，英美之流将德国批判为"人道之敌"，隐蔽了世界大战的本质。实际上第一次世界大战是守成国与新兴国，或者说是"现状维持国"和"现状改变国"之间的战争。日本与德国相同，是希望改变现状的国家，日本将英美两国的和平主义视为福音，实乃罔顾国际政治的现实。针对战后秩序的构建，日本应该主张"排斥经济帝国主义"并"消除黄白人种的差别"，同时勇于质疑英美和平主义的欺瞒本质。

与近卫的主张相同，德富苏峰对威尔逊主义也持否定立场。苏峰原本极为敬慕美国，因为美国是值得日本学习的榜样，是令人崇敬的基督教国家，又诞生出了杰出的总统。但是日俄战争之后，日本深陷移民问题、中国东北问题以及"黄祸论"的漩涡，他本人的对美感情逐渐恶化。1913 年加利福尼亚州颁布"排日土地法"之后，苏峰主张"打破白阀"，意图打破欧美白人在世界政治版图中的优越地位，实现有色人种与其之间的平衡。这时，苏峰在明治初期的亲美意识已经发生了具有决定性意义的反转，倒向了反美。在苏峰看来，威尔逊的国际主义只不过是重新确认了列强的帝国主义霸权而已。美国"标榜正义人道的口号，而实际上却是追求私欲的利己主义国家"。[1]

浅草歌剧与美国的大众文化

到大正时代为止，美国对日本的影响力已不再局限于知识分子的政治言论以及文学领域，甚至在更通俗直感的大众文化领域也开始产生影响。其中一例是在大正时代盛极一时的浅草歌剧。1912 年，帝国剧场邀请意大利人乔万尼·罗西（Giovanni V. Rosi）在歌剧部正式上演歌剧，这被普遍认为是浅草歌剧的开端。罗西在帝国剧场尝试了几年歌剧之后仍然没有起色，最终歌剧部被解散。罗西后来买下了赤坂的活动写真馆（即初期的电影院），意图重振歌剧的雄风，结果不到两年又遭遇闭馆的命运。直接输入意大利歌剧的尝试以失败而告终，但是罗西的门生们在浅草六区[2]重新集结，这些人后来成为浅草歌剧的中坚力量。

上述说法虽能说明浅草歌剧核心演唱家们的来历，却无法说明为何大正时代歌剧在浅草受到如此狂热的追捧。事实上早在大正之前，浅草

---

① 澤田次郎『近代日本人のアメリカ観』慶應義塾大学出版会、1999 年。
② 浅草六区是明治末期对浅草公园进行规划的第六区，以影剧院等娱乐设施著名。

就已经孕育了类似歌剧的音乐剧土壤。如若不然，一度在日本溃败的歌剧不可能偏偏在浅草繁荣发展。大笹吉雄研究了浅草六区歌剧兴盛的"前史"，他关注的焦点是女魔术师松旭斋天胜综艺秀的成功。

天胜的师傅松旭斋天一是日本引进"西洋大魔术"的第一人。他于明治末期赴美，并在美国各地有过巡演的经历，此间他大胆接受美式魔术的表现方式，尤其是节奏快速变化的表演秀。回到日本后，他在表演时多以小号和手风琴为主打的西洋吹奏音乐伴奏。天一着燕尾服配绅士帽，表演的时候以"One，Two，Three"为口令。当然，更引人注目的是天胜的美貌及其在舞台上的表现。天胜恐怕也

图 1-1　松旭斋天一的公演海报（河合勝コレクション『ビジュアル・ワイド　明治時代館』小学館、2005 年）

是日本最早化油彩妆、涂眼影、贴假睫毛的表演者。在"羽衣舞"的表演中，她身着薄如轻纱、散布着多彩亮片的羽衣，在七色旋转照明的光环下跳着具有美国风情的舞蹈。天一隐退之后，独立表演的天胜在浅草的帝国馆进一步推广综艺秀。天胜把握住了发展的最佳时机。后来，无论天胜到哪里表演都是极为卖座，长盛不衰。①

----

① 大笹吉雄『日本現代演劇史』大正・昭和初期編、白水社、1986 年。

浅草歌剧也是美国大众文化通过天一和天胜之手呈现给日本民众的最初表演方式。其后，在从综艺秀到歌剧转型的过程中，一跃成为顶级巨星的是高木德子。德子在1906年与其夫高木陈平一同赴美。在轻歌舞剧（vaude ville）最盛时代的美国，他们学习了歌曲、舞蹈和哑剧等。最初德子只是在美国人主演的秀场中担任助演，掌握了秀场舞蹈的技术之后开始在美国独立巡演，随后又到欧洲各地演出，第一次世界大战爆发后回到日本。经历了一番迂回曲折之后，她于1917年在浅草上演《女军出征》，大获成功之后掀起了浅草歌剧的热潮。

《女军出征》成功之后，歌剧的兴盛已经势不可挡。值得注意的是，高木等人在浅草六区发起的歌剧并非欧洲风格的大型歌剧，而是更接近美国风格的综艺秀的形式。与德子结成组合开创浅草歌剧的伊庭孝指出，歌剧"不是将统一个性的作曲添附于一个作品中，而是在作品中随意切入流行歌曲，使其为喜剧、讽刺等赋予音乐色彩，以此种形式来表现主题"。德子所追求的并非所谓的正统"歌剧"，而是接近于滑稽通俗喜剧的表演秀。恰恰是因为浅草歌剧的实质接近美国的大众文化，所以六区的民众才张开双臂欢迎它。大笹吉雄针对大正、昭和初期在浅草萌发的大众化美国主义指出，"无论是浅草歌剧还是时事讽刺喜剧（revue），这些都是都市型文化，背后都映照着'美国'的影子。日本文化的美国化，仅以舞台来看确实生发于浅草"。[1]

---

[1] 大笹吉雄『日本現代演劇史』。

美式都会主义的泛滥

截至第一次世界大战时期，美国形象在日本的流行沿着两条脉络展开。一方面是被知识分子视为政治模板的"自由""民主"的美国形象；另一方面则是崇洋气息浓厚的都市娱乐圈中美国大众文化的流入。而进入 1920 年代以后，"美国"开始进一步向普通民众的日常消费生活领域中渗透。

从这一时期开始，从好莱坞电影、爵士乐到广告、棒球等各类大众消费领域中，美式生活方式让生活在东京、大阪等大都市的中产阶层为之倾倒。进入 1920 年代以后，美国可以说已不再是"异国"，而是"我们日本的一部分"。围绕该主题的辩论也为当时的舆论空间提供了极好的素材。事实上，上述两种类型的美国形象就是硬币的两面。不同于幕末到明治时期的潮流，这一时期围绕着 20 世纪的美国这一核心，日本人的对美认识已经呈现出自我-他者意识的两个侧面。

室伏高信于 1929 年出版的《美国》一书中有这样一段话："如今，非美式的日本在哪里？离开美国，日本还存在吗？非美式的生活还残留在哪里？我敢断言，美国不仅意味着世界，今天的日本离开了美国就什么都不是。"在室伏看来，今日的美国正在向全世界输出其文明。"世界已经进入美国文明的时代，美国并非只靠美元来支配世界，美国文明也从美元出发，进而以美元文明支配世界。"

关注美国的可不只室伏一人。当时很多政论家都在讨论美国，各大杂志多次策划有关美国的特辑。这一事实说明在进入 1920 年代后半期之后，美国已经开始捕获广大日本民众的关注。例如，新居格指出，“当前已经进入各国声色情调迅速融于国际社会的世纪”，而美国主义正在席卷这个“鸡尾酒时代”的世界。在日本，爵士乐深受年轻人追捧，好莱坞电影充斥都市的影院，年轻人从发型、化妆到服装都完全模仿电影中的人物形象。他们在美式建筑里上班，周末白天观看棒球比赛或出去兜风，到了晚上则到舞厅跳一段爵士舞或在电影院看场电影，总之美式生活方式已经风靡了整个都市。

新居指出，该时期生活方式以及风俗流行中的美国主义与思想领域中的俄罗斯主义并行不悖。“在日本，思考苏俄意识形态的同时对美式生活感兴趣的人不在少数，或者说，即使是选择美式生活样式的摩登男孩，也并不意味着他对社会主义漠不关心。”而且，这种生活上的美国化与思想上的俄罗斯化并不对立，反而呈现出一种互补性的关系。①

同一时期的大宅壮一指出，大阪的美国化程度更甚于东京，大宅认为“大阪就是日本的美国”。明治维新以来，东京的精英阶层主导了日本的近代化，但是发达起来的东京文化大多建立在对西欧的模仿之上。第一次世界大战的爆发改变了这种对世界的认识。在此变化中产生了现代文化的两个形态，即俄罗斯和美国。特别是美国“以其不可限量的资本实力以及电影等其他文化载体的宣传威力，迅速风靡因战争而凋敝的

---

① 新居格「アメリカニズムとルシアニズムの交流」『中央公論』、1929 年 6 月号。

文化母国——欧洲，其后则是东亚各国，并逐步征服全世界"。① 大宅
将经历过关东大地震的东京类比为第一次世界大战后的欧洲，东京受到
地震的影响濒临崩溃，取代东京"征服"日本的是大阪以及在大阪兴盛
繁荣起来的以物质生活为中心的美国主义。当时在以新闻、娱乐为代表
的各个领域，来自大阪的资本都碾压了传统的东京势力。

在 1920 年代的大阪，美国主义与现代主义互为表里，共同推进了
大众消费文化的普及。杰弗里·黑恩斯（Jeffrey E. Hanes）如此描写
这一时期的大阪："摩登生活的车轮滚滚向前，摩登生活孕育兴盛的商
业。"到 1925 年，大阪的人口已经超过东京，文化传播能力也凌驾于东
京之上。当时，大阪的商人们已经开始导入悬念广告（teaser
advertising），通过形象制造来吸引消费者的注意。大阪的百货店还推
出"特卖日"活动，以玻璃橱窗来展示商品。百货店外咖啡馆、歌舞
厅、电影院、小剧场、大众演艺场、游乐场、大众食堂、啤酒屋鳞次栉
比。大阪之所以能在两次世界大战之间发展得如此迅速，得益于阪神地
区抓住第一次世界大战的契机迅速实现工业化。在上述发展势头下，
"大阪富豪们手中的暴利勾起他们进一步投资的欲望，这一欲望的火种
因消费产业的繁盛而空前加强"。②

大宅曾预言大阪将会超越东京，但事后证明这只是一时的现象。

---

① 大宅壮一「大阪は日本の米国だ」「大阪文化の日本征服」『大宅壮一全集』第二
　巻、蒼洋社、1981 年。
② ジェフリー・E. ヘインズ「大衆文化/下位文化/民衆文化」吉見俊哉編『都市
　の空間　都市の身体』勁草書房、1996 年。

1930 年代以后，从震灾中复兴的东京，以银座为舞台再次绽放出美国主义的花朵。银座这条大街作为文明开化的典范，最初模仿维多利亚王朝时代的英国大街而建设，而到了关东大地震以前，巴黎春天、资生堂等商店相继落户于此，让此时的银座充满了法兰西情调。但是关东大地震之后，美国主义以迅雷不及掩耳之势席卷银座。安藤更生在 1931 年出版的《银座细见》（春阳堂）一书中指出："如今君临银座的是美国主义，只需细心观察大街上的男男女女即可。他们的装扮、他们的姿态，除了对美国电影的模仿之外再无其他……当今银座餐馆中最盛行的不是法餐，而是以饮用水来代替葡萄酒的美式快餐。所到之处，咖啡馆里播放的音乐都是美国风的爵士乐……银座的法兰西风情不再，一如曾经的江户风情所遭遇的那样——相见不如怀念。而代替这一切的是大资本、速度感以及以电影为中心的美国主义。"（参见图 1-2）

图1-2　昭和初期银座的摩登女郎（摄影：影山光洋，『昭和二万日の全記録』第一卷、講談社、1989年）

附带说一句，该时期美国主义在东亚的渗透并不只局限于日本本土。上海、京城（现首尔）、马尼拉等城市也经历了与东京、大阪相同的近代化，美国元素开始更多地融入其日常的文化风景。例如，京城具备了殖民地时代朝鲜唯一与近代性（modernity）①相挂钩的城市空间。虽然京城的近代性有不少是受到东京影响的二手品，但也有直接取道其发源地美国的要素。以电影为例，1920年代京城进口的电影中好莱坞电影占据大半以上，电影给殖民地的民众输送了美国的形象。好莱坞电影对于京城的年轻人来说就是近代性的象征，受此影响，京城的年轻女性连走路的姿势都发生了巨大变化。从发型、化妆、着装到腔调、姿态等，摩登女郎对银幕女主角的模仿无所不尽其极。与此同时，基督教传教士的影响也不容小觑。对于朝鲜的近代主义者而言，他们眼中的"美国"与日本帝国虚伪的近代不同，代表的是另一种意义上的"丰富"而"自由"的近代象征。

《痴人之爱》中的美国主义

讨论进入大正时代以后日本对美国的接纳时，尤其值得注意的一点是这一时期美国形象所带有的性意涵。事实上，1920年代所流行的美国主义中，具有象征意义的是摩登女郎性感的身体形象。摩登女郎作为时代的象征频繁出现在杂志、小说、广告、电影以及流行歌曲里面。1924年，谷崎润一郎在小说《痴人之爱》中塑造了一位与玛丽·毕克馥（Mary Pickford）近似的女主人公奈绪美的形象。②谷崎的这部作品

---

① 中文语境一般将modernity译作"现代化"或"现代性"，本书结合日本语境以及前后文关系将其译作"近代性"，下同。
② 玛丽·毕克馥（1892—1979）是美国著名好莱坞影星，极盛时期曾是全世界最美最富有、名气最大的女人。谷崎作品的中译本可参见，［日］谷崎润一郎：《痴人之爱》，谭晶华译，上海：上海译文出版社，2017年。

似有夺当时美国主义言说之先声的意味。在谷崎的笔下，1920年代美国主义的流行中所突出存在的近代意义上的商品性通过摩登女郎的娼妇性形象，以自画像的形式展现了出来。谷崎在小说中将这一"商品性/娼妇性"（作为消费对象的女性）寄托在了"美国"（好莱坞电影）上面，深入刻画了日本人传统观念中男性的优越立场。

小说中的主人公让治与奈绪美租借大森的洋房作为新居，内墙上则挂着美国电影女明星的照片。以这一童话般梦幻的家为舞台，他们夫妇二人模仿演绎好莱坞电影的各种场景。不久后，奈绪美将其对好莱坞的幻想向现实中转移，也彻底地向着自我商品化的方向发展。奈绪美自认为优越于对西洋认识得半生不熟的让治。尽管如此，奈绪美仍然在经济上依赖让治，对于都市中的男人们而言，她只是性欲望的对象而已。

也就是说，奈绪美作为摩登的商品支配着让治的欲望。这一指向性的关系仅仅反映了当时人们内化资本作用的程度。摩登女郎认为将自己的"性"商品化之后，便进入了优越于男性的领域，这种观点恰恰反映了当时父权制的强大，以及对帝都东京未来想象的恐惧。但谷崎想要表达的还不止这些。五味渊典嗣基于当时的时代脉络对奈绪美的分析视角进行了详细的考察。他指出，谷崎也将当时美国国内盛行的"排日移民法"等种族歧视纳入其想要表达的主题。[1] 在谷崎的作

---

[1] 五味渕典嗣「われわれの内なる《アメリカ》」『日本近代文学』第68集、近代日本文学会、2003年。

品中，这一时期日美两国视线的交错在多重相互交织、吸引缠绕的磁场中浮出了水面。

正如三好将夫所指出的那样，谷崎在 1920 年代到 1930 年代所发表的作品中，明快、善言、率直、肉欲的西洋同阴翳、暧昧、压抑、冷淡的日本形成鲜明对比，谷崎也将其略带自虐的调侃意识贯穿其中。1920 年代，谷崎的着力点在于以无聊黑暗的日本来衬托明快的，尤以好莱坞风格为代表的美国，日本难以抵抗来自这样的美国的诱惑。但是到了 1930 年代，他将重点转向了刻画接受日本阴翳一面的自画像。谷崎笔下对所谓西方主义认识反转的表现，实则也是承认了二者具有某种结构上的连续性。①

第一次世界大战后日本的美国主义其实已经包含了一种反向的民族主义，即将西洋视角内化从而"回归日本"的动向。这些渗透进都市大众文化中的"美国元素"作为来自西洋文化的影响，并不只是单向度地波及日本，它同时也是具有反作用的"他者"，让日本社会在建构与美国的关系的同时也孕育出自我认识。进入大正时代以后，日本同美国的关系中利用这种不均等的关系来建构国家（national）主体的进程就已经开始。只有以这种模仿的欲望为媒介，1930 年代以后所谓的"回归日本"才具备实现的可能。

① マサオ・ミヨシ『オフ・センター』佐復秀樹訳、平凡社、1996 年。

四 "鬼畜美英"与美国的诱惑

被美国所持续吸引的日本

进入 1930 年代后半期，日本开始正式侵略亚洲各地，现实中的日美关系持续恶化，特别是 1940 年代以后，两国陷入交战状态。然而日本人对美国的关注热情不减，只是变换了一种形式。二战正酣之际，日本大众高呼"鬼畜美英"，尽管这一口号作为信念深入人心，但它仍然表现出日本人对美国这一存在的强烈意识，同时也在无意识间继续推崇、向往美国。

第一次世界大战结束后，日美两国开始在亚洲太平洋地区争夺霸权，舆论场上有关"以美国假想敌"的讨论也随之激增，以日美未来战争为主题的大众小说备受青睐。如要追根溯源，1897 年《文艺俱乐部》特别号《日美开战未来记》一文可谓嚆矢。此外，1911 年，荷马李（Homer Lea）的小说《日美必战论》和《日美战争》的日译本相继出版。① 水野广德在此前出版的著作《此一战》中，因描写日本海海战而

---

① 荷马李（1876—1912）：美国人，中国同盟会会员，曾担任中华民国首席军事顾问，《日美必战论》（*The Valor of Ignorance*）中译本如下：［美］荷马李：《无知之勇：日美必战论》，李世祥译，上海：华东师范大学出版社，2019 年。

收获了较高人气，他在 1914 年出版了想象未来日美开战的《下一战》。进入 1920 年代，作为对华盛顿会议的反抗，《日美如果一战》（1920）、《日美战争梦物语》（1922）等作品相继问世，另外如宫崎一雨的《日美未来战》（1923）为代表，此后《日美是否应该开战》《日美战争未来记》《日本危机，美祸来袭》等书籍陆续出版。也就是说，在日美正式开战前的 20 年，日本就在不断想象"日美战争"的情景了。①

但是，这类日美未来战争读物的大量流行所体现出的并非只是针对美国的敌对意识，其深层也包含着指向美国的欲望。事实上，在日美开战前后，许多杂志编辑出版了与美国问题相关的特辑，其中不仅有日美军事关系紧张的话题，还有涉及美国主义的评价问题。其中有论者指出："仔细考察我们周围，美式生活方式已经广泛地渗透到日常生活的各个领域，近代以来给我们生活带来便利的技术悉数来自于美国"，"在我们实际生活的外在样式中，来自美国的文明主义正在如此之近的距离发挥其影响力，我们却忘记对这一实体进行犀利的批判"。② 有学者表示自己惊恐于"我国民多数受到美国唯物质文明的魅惑，竟然将其视为高度先进的文化，此实乃过高评价"。③ 此外还有学者指出，要想消除美国主义在日本的泛滥影响，找回日本的文化传统，除了开战之外别无选择等。

1942 年《文学界》杂志刊载了有关"近代的超克"的讨论，美国

① 佐伯彰一「仮想敵としてのアメリカのイメージ」亀井俊介・加藤秀俊编、『日本とアメリカ』。
② 早瀬利雄「現代アメリカの実体」『中央公論』1940 年 3 月号。
③ 中村弥三次「アメリカ認識の基本問題」『文藝春秋』1941 年 11 月号。

主义也是其重要议题之一。其中，津村秀夫指出，菲律宾、马来亚、爪哇、缅甸等地进口美国电影的比例已经超过 75％，自第一次世界大战以来，美国主义在亚洲的影响力完全盖过了英国。[①] 事实上，截至日美开战前夕，好莱坞的最新电影仍在日本国内持续上映。日本人自战前起就对美国抱有上述复杂的感情，这种状况在战争期间也没有消失。

日美视线的不对等

同一时期，美国却视军事上敌对的日本为"野蛮的敌国"（黄猴子），从文化的角度来看，日美两国显然处于不对等的关系中。即便如此，美国仍然把敌国日本当作冷静观察的对象。日本是当时美国社会科学研究、分析、调查乃至实验的素材。为此，美国动员了人类学、社会学、社会心理学以及历史学等所有学科的学术精英研究日本。特别是国务院内部，早在 1942 年就开始构想日本战败后的占领政策，专家们为此进行了广泛的调查研究。其中就有年轻的埃德温·赖肖尔（Edwin O. Reischauer）所撰写的富有洞见力的报告，他提出重视天皇作为美国"傀儡"的利用价值，以及日裔美国人的宣传（propaganda）价值等。[②]

与之相同，战后成名的日本研究者们无一例外都从事过日本国民性

---

① 河上徹太郎他『近代の超克』冨山房百科文庫、1979 年（初版 1943 年）。
② タカシ・フジタニ「ライシャワー元米国大使の傀儡天皇制構想」『世界』2000 年 3 月号。

以及日本社会构造之类的研究。又如弗兰克·卡普拉（Frank Capra）应美国陆军参谋总长要求所拍摄的纪录片《认识你的敌人日本》（*Know Your Enemy：Japan*，1945）①，该纪录片从众多日本电影中截取了各种镜头。尽管充满偏见，却表明美国方面意识到日本民族意识以及态度的重要性，试图通过电影形象以实证资料的形式和可以贯通的理论对日本进行剖析。

而日本以此类视角观察美国的同期研究即便不是完全没有，也是屈指可数。美国作为欲望和憎恶的对象是客观存在的，但是日本没有从战略高度对其进行分析和观察。日本在继续以美国为欲望对象的同时，却对贴着"鬼畜美英"标签的敌国的实际情况置若罔闻。由此可见，日美之间的不对等不仅体现在军事和经济领域，同时还体现在对彼此文化认知的视角上。

作为他者的近代性

本章对自"佩里来航"至"日美开战"期间美国作为他者在近代日本的被接受和被表现的方式进行了概括。要言之，对于近代日本民众而言，美国所代表的就是近代性本身。也就是说，深嵌于近代日本的"美国"，既跟天皇制国家推动富国强兵所体现的近代性相联系，同时又超出这一苑囿而塑造出了"作为他者的近代性"这一形象。

---

① 原文为 1944 年上映，经确认实为 1945 年。——译者

例如，截至日美开战，美国的政治、社会、风俗等最能吸引日本民众的时期大致可以落脚在幕末维新期和大正、昭和初期这两个时期。这两个时期正好分别是天皇制国家体制确立之前以及濒临危机的时期。也就是说，截至战前的日本，民众对美国的关心程度恰好与天皇制国家主义权威秩序的构筑与动摇的程度成鲜明的反比。

不容忽视的是，无论是天皇制权威还是美国的形象，都代表着 19世纪中期以后日本的近代本身。"美国＝作为他者的近代性"这一图式最初呈现出的是"自由之国"的形象，不久后日本人才逐渐认识到其"自由"的反面，即贫富差距、种族歧视以及弱肉强食的现实。进入大正时代之后，作为消费主义近代化代表的美国开始通过好莱坞电影以及新的生活方式等形象席卷日本都市的日常生活。同时期的美国因为聚焦于作为情色指向的女性，从而以摩登女郎的形象出现在日本人的视野中。

另一方面，即使日美关系持续恶化，甚至到了战争一触即发之际，日本国内也没能将美国这一他者塑造成劣等、残忍的具体形象，顶多也就是喊喊"鬼畜美英"这个口号而已。这与在美国社会中轻易就可以将日本塑造成劣等、残忍的他者形象形成鲜明对比。

自明治以来，日本近代化的推进得益于以天皇的身体为基轴，或者说以天皇的身体为顶点的父权制的驱动。这一国家层面近代性的模型是以德国为代表的西欧列强，而不是美国。即便如此，自幕末至自由民权运动期间，以及在明治末期浅草等地民众娱乐的世界中，美国所代表的近代性已经融入到草根阶层之中。自此之后，这一美式近代性开始在日本风行，一方面体现为"大正民主"时期威尔逊主义理想的流行，另一方面则体现为以好莱坞电影等情色消费为导向的美国主义的盛行。

这种来自底层且将个人欲望开放至自我民族外部的近代，看似与以天皇为顶点的父权制近代构成对抗性关系，但实际上二者也可能内含着某种互补关系。

日本在二战败北之后，曾经的帝国被纳入到美国霸权的伞下，如此一来，上述两个层面的近代性之间的矛盾和差别开始消解，并向着"拥抱"即"结合"的方向发展。这种"拥抱"造就了战后日本半个世纪以上、虽受制于美国却整体稳定的社会结构。究其原因，仍有必要再次认识到一点，那就是从战前开始，天皇制与美国主义之间并非单纯的对立那么简单。

也就是说，美国所代表的近代与天皇所代表的近代，贯穿于日本帝国发展的历史，从自由民权运动到"大正民主"，从繁荣的民众娱乐到阔步街头的摩登女郎，这两个近代在各个层面重叠交错。当然，随着日美战争的加剧，天皇所代表的近代将美国所代表的近代排除在外，日本国内开始高呼"鬼畜美英"的口号。但是，哪怕是在战事胶着的时代，日本也没有切断同这个"美国"的感情纽带。因为在这一时期美国所代表的近代性已经渗透进日本的社会，所以以天皇为顶点的父权制构造并非日本近代性的全部。

第二章

作为占领军的"美国"

乘坐"巴丹号"降落在厚木机场的麦克阿瑟将军
（照片提供：每日新闻社）

一 麦帅到来

麦克阿瑟降临厚木

"佩里来航"约一个世纪后的 1945 年 8 月 30 日，联合国占领军总司令道格拉斯·麦克阿瑟（Douglas MacArthur）空降日本本土。翌日，日本的报纸关于麦克阿瑟的到来的报道如下：

> 不久后，如巨鲸般镶嵌着五角星的机腹上挂起了银色的扶梯。机舱打开了，记者们屏住呼吸，而后麦克阿瑟元帅现身。他戴着墨镜，穿着单薄的卡其色上衣，没穿外套，手里握着竹制的烟管，长期在南方生活的他脸色偏红，但没有被阳光灼伤的痕迹，以他 66 岁的年纪来看算是很年轻了。他在下扶梯前不时驻足，眼睛向左右注视，这是在给照片拍摄组摆造型。接下来他才走下扶梯，站在了机场的停机坪上。（《朝日新闻》1945 年 8 月 31 日）

麦克阿瑟搭乘的是一架名为"巴丹号"的道格拉斯 C54 运输机。"巴丹"是菲律宾一个半岛的名字，当年日军在入侵菲律宾时，美菲军队曾经在此与日军殊死搏斗。在这场战斗中，美菲两国死伤惨重。麦克阿瑟在巴丹战斗中率领将士们在孤立无援的状态下与占据压倒性优势的日军作战，他在美国本土所要树立起的正是他在这场战斗中的英勇形象，同时抱着一雪 "珍珠港遭袭" 耻辱的期望。

然而麦克阿瑟最终却只是侥幸逃到澳大利亚，而温莱特（Jonathan M. Wainwright）将军率领约 76000 名余部投降。此后日军却制造了骇人听闻的 "死亡行军"，导致上万名美军士兵死亡。所以，"巴丹" 承载着美国对日本的屈辱记忆。在负责对日占领的联合国军总司令部（下文称 "GHQ"）的核心人员中，就包括麦克阿瑟麾下经历过巴丹战役的旧部。所以，麦克阿瑟的对日占领，从各种方面来看都可以说是位于他在菲律宾近 4 年对日战争的延长线上。

但是，麦克阿瑟初访日本并不是在 1945 年。早在日俄战争刚刚结束的 1905 年，当时还是年轻将官的他就与身为美国陆军高官的父亲及母亲在东京会合，一家人在接下来 8 个月的时间访问了横滨、京都、神户、长崎以及亚洲各地，第二年作为旅行的收尾，又在东京和横滨度过了 3 个星期，此间也曾拜会过日本的军人。此后，他在从美国奔赴菲律宾的途中也曾停靠横滨。1937 年又陪同菲律宾总统奎松（Manuel L. Quezón）访问日本，还差一点儿有机会见到天皇裕仁。

麦克阿瑟人生的大多数时间都在菲律宾度过，从距离来看，日本本就不算是一个遥远的国度。作为驻守美利坚帝国前线阵地菲律宾的将军，日本曾长期是他的最大威胁。如何压制日本帝国主义，确保美国在亚洲太平洋地区的支配地位，是他最关心的事项。

所以，回顾麦克阿瑟就任占领军总司令之前的人生轨迹，他正是作为美帝国的精英军人扮演着亚洲殖民地总督的角色，这也为他成为东亚曾经最大的帝国——日本的主导者做好了准备。他年纪轻轻就担任陆军参谋长等要职，却因反对罗斯福的新政，被"发配"到远离本国陆军部和国务院的殖民地菲律宾，在那里作为美国霸权的代表发挥作用。1942年日本入侵菲律宾后，他经历了美菲军队的败退与反击，最终成为指挥对日占领的司令官，而且还是一位象征着美国在亚洲无上的军事霸权地位的将军。

麦克阿瑟这种具有父权倾向且过度表演的个性，完全与其作为帝国总督的地位相符。他这种自我表演的倾向其实早在第一次世界大战时就已经展现出来。当时参加欧战的麦克阿瑟，精于算计对方的反应，有意将自身置于危险的境地，故意不携带防身工具，反而用上独特的帽子、马鞭、毛衣、长围巾等不属于正规军队的服装，这也成为麦克阿瑟的典型装扮。他为吸引他人的注意可谓不遗余力。[①] 此外，一战期间，麦克阿瑟还曾在新设的陆军宣传广播部从事新闻审查工作。30年后麦克阿瑟降临厚木机场的风貌，可以说是他重视自我表演的集大成之作。

扶梯上的亮相徒劳无功？

麦克阿瑟空降日本这一决定性的瞬间最值得玩味的，是他本人的演技与日本媒体的报道之间产生了奇妙的反差。麦克阿瑟显然对自己从

① マイケル・シャラー『マッカーサーの時代』豊島哲訳、恒文社、1996年。

"巴丹号"扶梯下来的瞬间做了极为周密的设计,这一镜头日后成为经典,可以看出他对媒体视线的高度重视。麦克阿瑟到来这一天,他本人拒绝了日本政府的迎接,却允许媒体记者采访。在镁光灯的聚焦下,他从扶梯走下,时而停下脚步环顾四周,留给媒体充分的拍照时间。军服着身、军帽配墨镜、嘴叼玉米芯烟斗,这套固定装备配得上其作为空降到战败国的新支配者身份。

因此,在与占领有关的多数言论中,似乎是麦克阿瑟在扶梯上威风八面的形象充斥于第二天的新闻报纸,颇有压倒性征服战败国民众的感觉。但是,正如袖井林二郎所指出的那样,事实上,翌日的日本报纸似乎并没有将这张极具代表性的照片登载在纸面上。① 例如,《朝日新闻》选择的是麦克阿瑟与艾克尔伯格(Robert L. Eichelberger)中将握手拍肩的照片,两位将军面带微笑,照片本身无法做出更多的解读。也就是说,尽管麦克阿瑟的降临意味着日本的新支配者的登场,但是翌日的媒体甚至都没有把此事放上头版头条。《朝日新闻》的头条介绍的是东久迩宫稔彦内阁直接问信于民,号召广大群众给政府投书的新闻。对于具有重要意义的麦克阿瑟抵日,仅仅放在次要位置进行报道。

那么,为什么麦克阿瑟精心演出甚至把表情都设计好的场景,没有在第二天被报纸拿来报道呢?其实并非没有合适的照片,后来反而是麦克阿瑟的这张照片作为日本投降的象征经常被拿来使用。但在 1945 年

---

① 袖井林二郎『マッカーサーの二千日』中公文庫、2004 年。

的时间节点，这张照片确实没有获得应有的关注。

目前来看，比较容易想到的原因大概有如下几点。首先，这一时期的日本人中恐怕还没有谁会意识到这个人会位居对日占领的权力顶点。新闻媒体并没有认识到麦克阿瑟在这个被占领国家的存在感会如此强烈，所以并没有把他视为中心，而是将其与其他将军置于同一个镜头下平起平坐看待。但不管怎样，麦克阿瑟将军的威名早在战争期间就已普遍为日本国民所知，所以这一解释仍然不够有说服力。

还有一种解释认为，当时的新闻报道还要接受内阁情报局的审查，考虑到内阁情报局对天皇权威的固执，麦克阿瑟那张在扶梯上彰显威严的照片被报社主动放弃。刚投降的日本媒体系统已了解麦克阿瑟在占领军中的重要地位，恰恰是因为这个原因，才不愿使用扶梯上的这张照片。

但是事实的情况更为复杂。当时不仅日本的媒体，甚至以《纽约时报》为代表的美国媒体也没有放他站在"巴丹号"扶梯上的照片。美国媒体热衷于报道与麦克阿瑟相关的话题是他与败走巴丹后遭日军俘虏的温莱特将军在日本的重聚，当然都是些触动读者泪点的报道。麦克阿瑟面带微笑、温情脉脉，以低姿态挽抱着经历残酷俘虏生活后生还而看似带有复杂表情的温莱特，这一幕不同于他在扶梯上戴着墨镜的威严形象，倒是有着兄弟情深的氛围。

总之，戴着墨镜、叼着烟斗站在扶梯上的麦克阿瑟形象，在1945年9月时并没有进入战败国日本普通民众的视野。当然，这一形象也没有成为当时对日占领的象征性一幕。

那么这张照片到底是在何时，以及如何开始频繁进入媒体的视线，并且上升到日本占领期官方记忆的重要位置的呢？如果麦克阿瑟在扶梯上的亮相最初的努力仅仅归于徒劳的话，那么其表演在日本大众中间开始发挥功效又是始于何时呢？

对于大多数日本人而言，从1945年8月15日（严格地说是9月2日）到1952年4月28日这6年半的占领期，与总司令官麦克阿瑟的存在密不可分。他本人至少到1940年代末都握有绝对的权力，这一形象刻印在日本人的日常意识中。那么，对日占领与麦克阿瑟的结合，是否仅仅是他自身形象所导致的结果？还是说这一麦克阿瑟的形象其实是日本人在"占领"这一过程中，潜意识里被组织化的心理机制塑造出来的产物呢？

麦克阿瑟与天皇会见的照片

为了解开这一系列疑问，需要关注与麦克阿瑟公众形象有关的另一张照片，这也是一张要理解麦克阿瑟其人很难回避的照片。自空降厚木机场大约一个月后，麦克阿瑟作为联合国占领军总司令接待了一个具有重要意义的来访，即9月27日天皇裕仁的拜访。关于天皇与麦克阿瑟会见内容等，已经有相当数量的研究涉及，笔者无意在此展开论述，当然这也超出了本书讨论的主题。这里想要讨论的是外界对访问过程中麦克阿瑟与天皇合影的分析与解读。

实际上这张合影透露出相当多的信息。照片中的麦克阿瑟和天皇并排而立，从一系列符号性的对立中可以看出战后日美关系的不平等。例如，伟岸的麦克阿瑟与矮小的天皇、年长的麦克阿瑟与年少的天皇、便装的麦克阿瑟与正装的天皇、两手放在背后放松的麦克阿瑟与直立不动略显紧张的天皇、嘴巴紧闭正面朝向镜头的麦克阿瑟与正脸反光游离在焦点之外的天皇，如此种种、不胜枚举。这些都象征着美国作为"成人"而日本作为"未成年人"，或者说美国作为"男人"而日本作为"女人"的不对等关系。美国陆军专职摄影师贾塔诺·法雷斯（Gaetano Faillace）当时拍了三张照片，从中只选取了一张，而恰恰是选取的这一张能够最直接明了地反映出当时日美两国地位的真实状况（参见图2-1）。

图2-1　裕仁天皇拜访麦克阿瑟时的照片。上图是报纸采用的照片，左下和右下两幅图是当时所拍但并未采用的照片。

（Gaetano Faillace『マッカーサーの見た焼跡』文藝春秋、1983年）

因此，在说到战后日本的时候，这张照片总会被频繁地拿出来讨论。更确切地说，这张照片是作为日本战败的象征为无数的日本民众所接受。还有一点值得留意的是，围绕 29 日报纸的报道内容，占领军与当时尚存的内阁情报局产生激烈的冲突。冲突的起因简单回顾如下：上述麦克阿瑟与天皇会见的照片于 28 日流入日本的报社，各大报社计划将照片刊载于 29 日的头版，内阁情报局惊异于报社的这一举动，拟禁止当天的报纸流传到市面。占领军当局对内阁情报局的这一措施异常震怒，遂将 "新闻及言论自由之追加措施" 提前至 27 日发令生效，解除了内阁情报局禁止报纸上市的措施。受到这一系列冲突的影响，内阁情报局也不可避免地遭遇解体的命运。

从这一系列的前因后果可以看出，麦克阿瑟本人显然十分理解这张照片的重要性。实际上各家报社所刊发的文字内容各有不同，在标题和内容呈现差异性的同时，使用的照片以及在报纸版面中的位置却十分统一。例如，《朝日新闻》等多家报社将几日前《纽约时报》特派员对天皇的采访作为文字内容与合影照片放在一起，《每日新闻》则只刊载了合影照片，第二天才刊载合众通讯社（UP）社长休奇·贝利（Huge Baillie）对天皇的采访。虽然有如上差异，但在 9 月 29 日的报纸头版均不约而同使用了这张合影照片。因此可以认为，该照片的刊载从一开始反映的就是 GHQ 的明确意图。从占领军的角度来看，无论报道的内容如何，只有照片这一介质才能够吸引读者目光，因此将照片提高到重要位置。

会见的照片是 "战败" 的象征?

但是，根据有山辉雄的分析，日本方面即内阁情报局之所以禁止发布这一报道，其原因不在照片本身，而在于美国记者在采访基础上撰写的文字内容。在采访中，天皇针对东条英机误用宣战诏书一事进行了批评，但天皇不希望这一段内容在报纸上公开。[1] 所以，在当时 9 月份这一时间节点，天皇与麦克阿瑟并肩合影的这张照片所具有的象征意义，至少在日本的新闻媒体、内阁情报局以及读者中间尚没有明确的定位。但是，不久之后，采访的文字内容随着时间的推移逐渐失去价值，反倒是这张会见的照片不断地被人们提起，其分量越来越重，作为战后日本曲折立场的象征而引起了舆论界的充分关注。

值得关注的是在此过程中浮现的一种分析视角，即将与麦克阿瑟形成对比的天皇形象与战败后被占领的日本视为一体。坂本孝治郎指出，这张照片"释放给日本国民的最大信号是，在新来的占领权力的主导下，'战败、降伏'的现实已经凌驾于'终战'的修辞之上"。[2]

这里必须要认真思考的是，这种解释是从何时、基于何种文脉产生，又是如何演变过来的? 另外，通过这种解释生发出怎样的历史观? 照片在最初并没有特定意义，但是在经历社会的洗礼，被加以审视和阅读之后，就开始具有各种各样的意义。从今天我们对问题领域的关心来

---

① 有山輝雄『占領期メディア史研究』柏書房、1996 年。
② 坂本孝治郎『象徴天皇がやって来る』平凡社、1988 年。

看，不证自明的一点是，它象征着战后那段时期的日美关系。然而，这张照片的象征意义是在历史的发展演变过程中，由一系列解释的连锁反应而确立起来的。因此，它留给我们的问题是，这张照片在战后日本的言说空间中，究竟是由谁提出并塑造出这一定位的呢？战胜国的最高司令官与战败国的元首二人的合影，对于战败国的民众而言是一张具有何种意义的图像？这张合影是如何经由媒介和话语从而形成有关天皇形象的主流解释的？

例如，有一组围绕民众听闻终战 "玉音放送"① 后泪崩的照片。佐藤卓己详细地考察了该组照片被媒体蓄意操作 "半捏造" 的过程。根据佐藤的解释，其中一些天皇的 "赤子" 听到 "玉音放送" 后所谓泪崩的照片，其实并非当时，而是战争期间在完全不同的情境下所拍摄的，照片中还有民众毫不知情的状况下被拍下的镜头。就是这些来源十分可疑的照片在 "8 月 15 日" 的相关报道中与 "玉音放送" 扯上了关系，其后不断地被引用，最终奠定了其作为整齐划一的 "玉音写真" 的地位。②

佐藤的工作是分析这些不知由谁所拍摄且暧昧模糊的照片发展成为 "玉音写真" 的过程。即使照片的来历十分明确，照片的含义也会因媒体报道的语境以及图片说明文字的不同而发生变化。基于相同的逻辑，麦克阿瑟与天皇会见的照片是何时以及由谁所拍摄这些信息虽然很明

---

① 这里是指裕仁于 1945 年 8 月 15 日通过广播的形式宣读《终战诏书》，因为天皇在战争中被神格化，所以被敬称为 "玉音放送"。
② 佐藤卓己『八月十五日の神話』ちくま新書、2005 年。

确，但是这张照片仍然可以从不同的视角来解释，因此不能单纯将其归结为"战败的象征"。所以，关于这张"会见合影"，仍然有必要深究背后不同的解释。

麦帅的紧张、天皇的迷茫

让我们变换前提条件来仔细看这张照片，麦克阿瑟与天皇在合影的时候，更强烈地意识到镜头的存在也更显紧张的不是天皇，而是麦克阿瑟。

北原惠详细比对了法雷斯所拍摄三张照片的细微差异，指出"三张照片是在很短的时间内连续拍摄。其中天皇在那两张没有被采用的照片中，两膝呈放松状态，身体有明显的变化。反观麦克阿瑟，他两肘靠后没有丝毫变化，可以看出，他在整个拍摄的过程中凝神聚焦，身体并非处于放松状态"。[①] 如只观察照片，麦克阿瑟看起来确实比天皇更加放松。但是，我们却又有理由推断这种放松的人为属性，即是其在镜头面前算计好的表演。麦克阿瑟之所以要摆出这样的造型，恐怕是要充分展现出美国作为"占领者"的形象吧！

那么天皇的情况如何呢？正如北原所精准分析的那样，天皇姿态的细微变化以及不经意地张开嘴巴，只是尚不习惯近距离突然拍照，身体本能所做出的迷茫反应。因为在战前，天皇拍摄照片时，摄影师

---

① 北原惠「表象の"トラウマ"——天皇/マッカーサー会見写真の図像学」森茂起編『トラウマの表象と主体』新曜社、2003 年。

会在事先接受严格的调查，只能够在距离天皇本人数十米开外的地方拍摄。然而这次是摄影师突然近距离出现在天皇面前，"按动快门、迅速拍照"。

关于拍摄合影一事，对于麦克阿瑟一方而言，肯定经过了周密的准备，但是对于天皇裕仁而言，则是突如其来的安排。麦克阿瑟本人也多少能够意识到这张照片对于日本民众所具有的意义，所以将拍摄合影作为会见的重要一环，但是对于天皇而言，他本人是来找元帅会谈的，而不是为拍照而来。所以在拍摄的瞬间，他本人甚至都没有意识到为何拍照。

接下来的问题是，当时的日本人是如何理解这张照片的呢？如前所述，后来大多数的分析讨论认为这张照片是让日本人回忆起"战败"的震惊事件，也是象征战后日美关系定位的照片。例如，斋藤茂吉在读到这份朝刊（早报）后破口大骂"麦克阿瑟这个混蛋"，高见顺则以"古今未曾有"一词来表达其震惊之意。总之，透过这张照片感受到"战败"的追忆不胜枚举。所以，时代越是向后推移，将该合影作为"战败之象征"的解释越发普遍化。然而，在该照片被报纸刊载的 1945 年秋天，大多数读者真的将其与"战败"的屈辱感联系起来了吗？事实上恐怕未必如此。

约翰·道尔也指出，如果仅把这张合影视为象征着日本战败的屈辱性照片，其实是一种欠缺想象力的理解。毋宁说这张照片所释放的信号是"最高司令官宽待了天皇，且站在了天皇的一边（无论何时都是支持天皇的力量)"。① 即使对于保守阵营的人士而言，这场会见也给他们带来了安心感，"因为日美关系已经超越了毁灭与被毁灭的敌对关系，发展成为支配与被支配的占领关系"。麦克阿瑟与天皇像一对夫妻拍摄结婚照一样并排站着，或许是在接受日美两国之间"拥抱"也可以说"结婚"的祝福。②

更有观点认为，这张照片在当时非但不是"屈辱"，更有可能跟战时的"御真影"③ 相同，被视为尊崇的对象。如北原所述，鸟取县特高科在调查该合影的反响时留下记录内容如下，"除部分人士认为有失陛下尊严而不满以外，大多数人士均能体察圣虑、满怀感激"。④ 可以设想类似的反应在各地应该比较多见，只是囿于资料的限制无法证实而已。

这些反应对麦克阿瑟而言，或许恰恰是其公开照片后最期待看到的结果。他本人深知照片这一媒介所具有的效果，也因此对日本民众的反应抱有积极的期待。但是，他本人在照片中与天皇并排合影，恐怕也没有想过超出必要限度外地贬低天皇。麦克阿瑟或许至少希望在这些敬爱天皇的日本国民面前（至少他自己认为这样）呈现出作为天皇的保护者的一面。如果再稍加品味，或许他本人也希望自己能够在崇高性上比肩天皇。所以在看到这张照片的读者中间，有震惊者在所难免，但仍然不乏深感安慰者，以及一如既往地尊崇敬拜天皇者。更有甚者也许会将这

---

① ジョン・ダワー『敗北を抱きしめて──第二次大戦後の日本人（上・下）』。
② 北原恵「表象の"トラウマ"──天皇/マッカーサー会見写真の図像学」。
③ 指战前日本天皇与皇后的正式照片。
④ 粟屋憲太郎『資料日本現代史2』大月書店、1980 年。

张照片视为权力者沆瀣一气的证据。

二 "占领" 的消去与 "人间天皇"① 的出现

消失于媒体的麦克阿瑟

　　除了前面讨论到的两张照片以外，"麦克阿瑟对日占领"期间最引人注目的话题是，在占领初期自我表演欲望如此强烈的最高司令官麦克阿瑟在占领体制正式确立后竟然消失在媒体以及民众面前。我们对1945 年 9 月 27 日他与天皇会见的照片印象深刻，可能会产生一种错觉，即这个日本真正的支配者会不断地炫耀自己的存在感。但是现在回过头再看这张合影的刊载，恐怕只能说是占领当局形象战略中的例外。

　　事实上，在整个占领期间，麦克阿瑟的表现与其强烈的自我彰显欲完全不符。进入 1948 年以后，因为与联邦政府的政策产生冲突，他在日本的实际影响力开始弱化。事实上，麦克阿瑟消失在公众视野中的时间更早，自从他获得名副其实的绝对权力之后，无论是在日本的媒体中，还是在公众的面前，他都尽量控制这种自我表演，甚至深居简出、自我封闭。虽然媒体仍然常常传达麦克阿瑟的各项决定和方针，但是人

---

① 指裕仁在 1946 年 1 月 1 日发布 "人间宣言" 后，天皇从所谓 "现人神" 变成 "普通人"，日语称 "人间天皇"。

们已经很少有机会在媒体中看到他本人的形象了。

我对麦克阿瑟的媒体形象做了一点粗略的调查，除了单纯的肖像照以外，各大主流报纸很少刊载他的照片。麦克阿瑟到达厚木机场后，例如进驻东京后在美国大使馆升起星条旗时，或者是进入作为占领军总司令部的日比谷第一生命大楼时，在整个9月份他的出镜率相对较高。但是进入10月份之后，他的出镜次数迅速减少，除接见外国宾客之外，媒体很少发布其全身照。另外，头版头条报道有关麦克阿瑟的声明或谈话时，多使用以俯视视角拍摄的他戴军帽的肖像照，从此以后在涉及麦克阿瑟的报道中，使用这张照片已经成为惯例。

麦克阿瑟本人在媒体上抛头露面的次数虽然减少，但并不意味着他被提及次数的减少。事实上截然相反，在整个占领期间，没有一位日本执政者的权力能够僭越麦克阿瑟，占领当局以"麦克阿瑟"之名做出了一系列重要决定，报纸杂志等提到麦克阿瑟的场合自然也非常多。他经常将自己的方针以声明、谈话或书简等方式传递给日本首相以及其他政府要人。当报纸杂志报道这些声明和书简时，势必会传递这位最高权力者的意向如何。以《朝日新闻》为例，1945年9月与麦克阿瑟相关的报道数量为32条，10月为36条，11月为26条，12月为30条，1946年1月则为29条，可以看出平均每天有1条与麦克阿瑟相关的报道。其中多数是他作为最高司令官发出的指示、指令以及会见等官方内容。此外，正如一些人士有意将占领期规划的道路命名为"麦克阿瑟路"一样，这时有关以麦克阿瑟命名或者与麦克阿瑟本人相关的轶事也在报道中比较多见。

即便麦克阿瑟的存在感如此强烈，但他本人却非常意外地选择消失于日本的公共空间。他也有意识地限制自己的形象在日本民众中间传播。这跟他在菲律宾所享受的 "待遇" 完全不同。在菲律宾，其形象多次被设计到邮票上，甚至菲律宾造的银币中都刻有他的头像。值得一提的是，麦克阿瑟的头像曾出现在菲律宾、美国以及韩国等国家的纪念邮票上，但是唯独在日本没有发行有关他的纪念邮票。《时代》周刊曾先后 8 次将其作为封面人物重点介绍，但是在占领期间日本主要杂志的封面上却不见麦克阿瑟的身影，甚至都没有杂志组织与他相关的特辑文章。仅就麦克阿瑟本人而言，其实在私生活领域本可以有很多材料挖掘，奇怪的是媒体似乎有意避开这类话题，最终的结果是他本人消失在公共视野中。

占领期间的审查体制——总体战体制的延续

在占领体制得以确立的同时，麦克阿瑟本人的形象也开始消失于公众视线，这大概与当时占领当局极力推进的媒体审查有密切关系。其实从麦克阿瑟第一次世界大战期间从事新闻审查的经历也可以看出，在对日占领期间，GHQ 对日本的媒体进行了彻底的审查。其核心机构是设置在对敌情报部（Counter Intelligence Section，简称 CIS）的民间审查部（Civil Censorship Detachment，简称 CCD）。对敌情报部最早是作为美军争夺在菲日军地盘的军事作战的一环，基于情报侦察的目的而成立的机构,从性质上来讲与美国国务院所规划的对日占领政策并不兼容。

联合国军考虑到未来的登陆作战,故而对 CCD 的功能抱有期待,如遇到敌军的反抗活动则需其从事相应的情报收集工作,因此 CCD 具备很强的军事属性。也由于这个原因,其初期阶段的工作要点在于审查电信、电话等通信媒介,未把报纸、广播和杂志等众多媒体作为审查对象。不过,联合国军并未经历本土作战就开始了对日占领。在占领开始时,由于并无其他担当审查的部门,所以 CCD 承担起占领政策中涉及审查的关键角色。如此一来,CCD 在整个占领期间的审查范围上至电影、广播、报纸、杂志等大众媒体,下至普通书籍、教科书、戏剧、书信、电报、电话等私人通讯,所涉及的领域极其宽泛。

值得注意的是,随着组织规模的扩大,CCD 雇用了大量日籍雇员。因为,尽管 CCD 被赋予了广泛的审查权限,但是该组织内部通晓日文的士兵毕竟是少数,如不雇用日籍雇员则很难推进工作。山本武利的研究发现,在窗口与媒体进行工作接洽的下级审查官以及将调查对象的报道翻译成英文并传达给美方监督者的工作,基本由日籍雇员担任,其人数随着被审查媒体数量的增加相应成比例地增加。结果,到 1947 年就有超过 8000 名日籍雇员在 CCD 从事媒体审查工作。[①]

① 山本武利『占領期メディア分析』法政大学出版局、1996 年。

　　这样大规模雇用日本人的现象在占领军内部也比较罕见的。有观点指出，这些日籍雇员中有部分是曾经在旧内务省负责审查的前政府人员。[①] 马克·盖恩（Mark Gayn）在《日本日记》中提到了他在酒田市的见闻，据说当地部分被解雇的特高警察被占领当局雇用，让他们作为日本人和美军的联络中介。[②] 战时日本的审查官在战败后职业经历发生了怎样的变化我们不得而知，但占领军严重缺乏懂日文的人才是明显的事实，尽可能网罗这些领域的日籍雇员也成为了必然。

　　莫妮卡·布拉夫（Monica Braw）的研究显示，1946 年，CCD 的专职人员增加到 8734 人，其中日本人和朝鲜人数量为 8084 人，占比达到 90％以上，他们中的绝大多数是在日本国内被录用的。这些新雇员虽然有简单的审查培训基础，但是训练课程贯彻得并不彻底。结果审查官们只能根据"各种规范、事项目录以及重要事项指示书"等来操作业务，由于"重要事项指示书频繁变化，时有增加"，最终导致在个别事项的审查处理上很难避免主观臆断。[③] 如此一来，CCD 及其上级组织 CIS 打着对日本国民进行再教育的名义，继承了过去内阁情报局所扮演的角色。

① 松浦総三『占領下の言論弾圧』現代ジャーナリズム出版会、1969 年。
② マーク・ゲイン『ニッポン日記』井本威夫訳、ちくま学芸文庫、1989 年。
③ モニカブラウ『検閲 1945—1949：禁じられた原爆報道』立花誠逸訳、時事通信社、1988 年。

"审查" 的审查与 "占领" 的消失

为强行推动所谓的"民主主义",占领军所进行的大规模审查与战时日本压制思想的方式并无二致,这也从本质上暴露了占领体制的根本性矛盾。麦克阿瑟对所有的媒体一方面强调言论以及表达的自由,另一方面却将审查渗透到文化以及表达的各个角落。而且这样一套体系所规定的禁止事项中,还包括严格禁止将审查的事实公之于众。例如,出版业者被要求不得公开出版物遭到审查的痕迹,且不得公开其与审查官沟通的任何细节。更有甚者,审查官还要严格审查媒体中的"占领军"形象,仿佛日本从不存在占领军一样。

在占领期的日本,尽管占领军的存在是毋庸置疑的现实,但是在经过审查之后,占领军的形象最终不过是以间接的形式出现在媒体上的。这给日本民众呈现出占领军似乎并不存在的景象。平野共余子分享的一段经历令人印象深刻。漫画史家约瑟夫·L. 安德森(Joseph L. Anderson)因为父亲工作的关系在占领期的日本度过了他的青春时代,1948 年当他观看清水宏导演的电影《蜂巢的孩子们》(『蜂の巣の子供達』)时,惊讶于影片中拼命消除占领军存在痕迹的场景。"当时,尽管大型的火车站充斥着占领军的士兵,但是影片中出现火车站时,却看不到任何士兵的镜头,甚至当时各处均有张贴的'RTO'(Military Railroad Transportation Office,军事铁道运输部)字样亦消失得无影无踪。"[1]

---

[1] 平野共余子『天皇と接吻：アメリカ占領下の日本映画検閲』草思社、1998 年。

CCD对"审查"这一事实进行审查，蒸发掉占领者的形象，从而塑造出了战后日本自食其力、自给自足的表象空间。

上述背景或许已经交代了麦克阿瑟这个自我表现欲望强烈的最高司令官渐渐消失于公众视野的原因。美军士兵、吉普车、基地设施甚至英文标识等这些细微的事物都在审查之后从媒体中消失，位居"审查"之审查体制最高点的麦克阿瑟自然不能置身事外。如果占领军的审查目的是隐去占领军的存在，作为最高司令官的形象当然也应该消失。毋庸置疑的是，至少截至1948年，麦克阿瑟仍然掌握着巨大的权力，占领期间的日本人仍然能够意识到他的压倒性存在。但是，至少从媒体的表象来看，相较于自我表现，麦克阿瑟更多地是在隐藏自我。

占领军的"消失"，即在媒体面前抹去日本遭受占领这一现实的政策，作为占领期间审查体制的严重问题遭到持续批判。例如，江藤淳批判道，占领军阴险狡诈的审查战略所带来的直接后果是，战后日本的想象力"被限制在封闭的言论空间内"。江藤进一步指出，占领军通过审查排除干扰，以一种悖论的方式制造出"战败后日本获得更多自由且开放的言论空间"，并将这种方式渗透到日本民众中间。他们审查的目的在于"相较于真正的实感，而制造出所谓的'实感'，或者是以颠覆常识的方式来制造'常识'"，并且将这些"实感"与"常识"移植到日本民众中间。因此，根据江藤的理解，战后的"自由"和"民主主义"等言说都只是通过"排除法"由占领军当局制造出来的结果而已。①

　　山本武利则指出，上述江藤的讨论最大的问题点在于，"没有分析审查与战前（的审查）之间的关系"。审查的主体受到审查的影响以隐蔽的方式而存在，这一特征并非占领军所独有。松浦总三指出，战时日本内务省警保局的审查已经开始向上述方向发展的迹象。随着战时言论管控愈发严格，审查方也在摸索如何去除审查的痕迹，据此内务省要求编辑不得再用空方格来代替被删字，"文章前后务必保持连贯，让读者看不出删除的痕迹"。② 也就是说，在日本的战时总体战体制下，审查也开始向看不见审查痕迹的方向推进。

　　此外，江藤上述讨论忽略的另一个要点是，由谁代替因审查而消失的美军，特别是最高司令官麦克阿瑟的形象，从而填补了占领期媒体的内容空缺呢？平野上述著作中指出，1946 年 1 月 1 日即昭和天皇"人间宣言"发布之后，"与天皇出现在民众面前形成对比的是，麦克阿瑟却尽量避免与日本国民的视线直接接触"。"根据占领军当局的指示，天皇从皇居中出来走向民众，以此来强调自己与国民一样都是普通人，而麦克阿瑟则深居简出，会见日本人的次数也开始减少。"③ 换言之，随着日本占领体制逐渐成型，麦克阿瑟至少从表面上来看，已经开始逐渐淡出公众视线，而天皇出镜的频率则开始增加。

---

① 江藤淳『落葉の掃き寄せ：敗戦・占領・検閲と文学』文藝春秋、1981 年。江藤淳『閉ざされた言説空間：占領軍の検閲と戦後日本』文藝春秋、1989 年。
② 松浦総三『占領下の言論弾圧』。
③ 平野共余子『天皇と接吻：アメリカ占領下の日本映画検閲』。

三 元帅、"人间天皇"、伪天皇

致麦克阿瑟元帅的信

克林特·伊斯特伍德（Clint Eastwood）导演的两部与硫磺岛相关的电影《父辈的旗帜》（*Flags of Our Fathers*）、《硫磺岛家书》（*Letters from Iwo Jima*）于 2006 年上映，从媒体论的视角来看，这两部作品有颇多值得玩味的地方。① 《父辈的旗帜》中，在硫磺岛激战的年轻的美军士兵将星条旗插到了岛屿的最高点，而美联社将这一瞬间以照片的形式记录下来，该片主要讲述这张照片被赋予的价值，以及它是如何被政治彻底利用的。而《硫磺岛家书》则从日本士兵的视角出发，从那些牺牲士兵没能寄出去的家书入手，让民众知晓岛上发生的一切。

这两部影片所暗示的是，一张照片在美国往往能够产生重大的政治效果，而对于日本人而言书信却更加重要。照片关注特定的视觉形象并以此来汇聚大众的视线，而书信象征的是亲密的自他关系。事实上美军在对日占领的初期就很自然地意识到了照片的战略价值，特别是麦克阿

---

① 伊斯特伍德作为导演兼演员于 1971 年拍摄了《迷雾追魂》（*Play Misty for Me*），该片以电话为线索展开，但不可否定的是他本人也具有非常敏锐的针对媒体的批评意识。

瑟本人对其每一张照片所可能产生的政治效果都进行了计算。但是，对于当时的日本民众而言，照片这种表现形式似乎并没有产生占领军当局所期待的那种效果，反倒是战败后的日本人向新来的支配者邮寄了大量书信。

日本人在战败后大量地邮寄信件给麦克阿瑟元帅，其契机来自于占领初期日本政府的呼吁，当时的东久迩宫内阁为倾听民意，号召民众给政府写信反映意见。政府呼吁投书的报道与麦克阿瑟到达日本的报道出现在同一天报纸的头版。尔后每天都有数十封信件和明信片邮寄到首相官邸，其数量在 10 月初达到顶峰。不过，由于东久迩宫内阁很快倒台，这让民众给政府的投书失去意义。但是，这些战败国的民众敏锐地意识到，执掌日本实权的不再是政府，而是占领军，特别是占领军的总司令麦克阿瑟。民众就很自然地将投书的对象从首相转向麦克阿瑟。据统计，自 1946 年 9 月至 1951 年 5 月，记录在案的信件数量达到 44 万封，如果把 1946 年 8 月以前的数量包括在内，预计可达到 50 万封，这就是战败国的国民呈送给占领军总司令信函的数量。

GHQ 在收到日本国民的投书之后，相关负责人会逐一阅读信件，并做成英文摘要，其中认为特别重要的内容则全文翻译。GHQ 将这些信件视为与军事情报同等重要的文件，因为这些信件反映了被占领国的真实情况和社会心理，对于迫切需要了解这些侧面的 GHQ 来说，毫无疑问是重要的资料。麦克阿瑟在第一生命大楼的司令部，每日阅读这些信件。并且，他还选出比较重要的信件约 3500 封，现收藏于弗吉尼亚州的麦克阿瑟纪念馆内。麦克阿瑟就是这样的领导人，一边极力避免自身形象出现在被占领国的民众面前，另一边却通过间接手段深入了解日本人的心理和内部实情。

袖井林二郎对这些数量庞大的信件进行了长期研究。袖井认为，"日本民众并没有将这位外来的支配者视为异端，而是将其视为能够站在民众立场聆听民众倾诉的占领者"，如此数量庞大的信件反映了这一认识在国民层面的扩散。① 事实上大多数信件充斥着满足麦克阿瑟虚荣心的溢美之词。其中不少民众认为，占领是一种"慈悲"行为，麦克阿瑟时而是"父亲"，时而又是"神灵"般的存在。不少人期望日本能够被美国兼并，他们本人则希望侍从麦克阿瑟或者加入到美国大兵的行列。此外，民众也纷纷寄赠礼物给麦克阿瑟，而在多数场合他本人都照单全收。信件中确实有部分意见、建言，但更多则是对占领军的美好愿望甚至谄媚之词。

之所以会有这么多的信件邮寄给麦克阿瑟，是因为"麦克阿瑟虽然就权力的掌控而言是近乎天皇般的存在，但是他比天皇更容易让人接近，民众可以同其建立更加直接的联系"，这是他本人获得广大日本民众信任的重要原因。② 当时的人们视麦克阿瑟为"牧师"或与此相当的人物，他们可以倾诉自己的罪过，并祈求麦克阿瑟让他们脱离苦海。日本的民众从麦克阿瑟身上看到了能够让他们重新认识自我的他

① 袖井林二郎『拝啓マッカーサー元帥様』岩波現代文庫、2002 年。
② ジョン・ダワー『敗北を抱きしめて——第二次大戦後の日本人（上・下）』。

者视角。当占领军压倒性的存在感与当时日本人的情感构造相结合时，这种他者视角就像是一直以来天皇制感情的一部分衍生物抽离衍生而形成的。

值得注意的是，这些信件并不能仅仅被理解为对支配者单纯的从属意识。正如道尔所述，它们并非单纯意义上个人崇拜的证据，"对于从未置身过'战败空间'的日本人而言，他们急需在这一空间中展现新生自我"，而邮寄信件恰恰是满足其自我表现欲的具体行动。人们虽然向麦克阿瑟的权威谄媚，但这并非所谓"东洋式服从"能够充分解释的行为，除此之外还有其他多种欲望交相混杂其中。与此同时，这些刚刚从战时绝对权威中解放出来的日本人，在急于自我表现的同时，其行为本身仍然留有战时权威塑造的情感余温。所以，这些战败国的民众欢迎占领军、祝贺新体制的行为，从结构上来看仍然与旧体制有着强烈的连续性，他们也正是以此种方式来呈现新的自我。

迎接天皇巡幸的人们

当时给麦克阿瑟邮寄信件和礼物的人们，与迎接天皇到各地巡幸的人们的心情是相通的。在昭和天皇发布"人间宣言"之后，地方巡幸成为"人间天皇"最重要的表现活动。天皇的此番巡幸是由以宫内厅以及天皇本人为中心的势力推动的，他们突破持否定性意见的外务省的阻碍，在获得占领军的许可后，将地方巡幸付诸实施。

但是，真正希望推动巡幸的是宫内省和天皇，还是占领军呢？至少有一点可以肯定的是，占领军当局有意重塑天皇的形象，希望通过战后的巡幸让裕仁代替麦克阿瑟成为战后新支配体制的关键角色，并对此极为重视。所以，"巡幸"其实是日美双方想到一块的结果。

最终，以 1946 年 2 月视察战后复兴、归国者救助情况为契机，昭和天皇陆续巡幸了神奈川县、群马县、琦玉县、千叶县、静冈县等地，同年 10 月又对爱知、岐阜两县进行了为期一周的巡幸。次年 6 月他又巡幸京都、大阪、兵库、和歌山四府县，8 月则对宫城、岩手、青森、秋田、山形、福岛等东北地区进行巡幸，9 月对栃木县，10 月对新潟、长野、山梨、福井、石川、岐阜等北陆、上信越地区，11 月对鸟取、岛根、山口、广岛、冈山等中国地区①进行巡幸，在短暂的时间内，昭和天皇的足迹已经遍布本州各地。1948 年中断一年后，昭和天皇于 1949 年到九州，1950 年到四国，1951 年则继续对京都、滋贺、奈良、三重等地进行巡幸。在占领期间，除冲绳之外，只剩下北海道一地没有巡幸，这一缺憾于 1954 年 8 月得到弥补。伴随着天皇巡幸的是新闻媒体铺天盖地的关于"人间天皇"的宣传报道。昭和天皇的各地巡幸不仅重现了明治天皇各地巡幸的盛况，同时与隐居幕后的麦克阿瑟一进一出，相得益彰，如此一来，作为麦克阿瑟替代品的昭和天皇的形象得以确立。

昭和天皇在战后所进行的巡幸，将与常人等身大的天皇近距离地呈

---

① 中国地区指日本本州西部广岛、冈山、山口、鸟取、岛根等县组成的广阔地域。

现在普通民众面前，不啻为一种精妙的表演策略。铃木镇子指出，1945年11月的伊势神宫参拜可被视为战后巡幸的原型，而随着巡幸进入高潮期，民众对天皇的认知从对"神"的崇拜转换为对"象征"的期待，日本政府的这一战略得以顺利实现。① 巡幸是"天皇与国民确立新型关系并彼此适应礼仪的过程"。② 经此推动，"天皇成功变身为著名人士"。"菲拉多帽、西装、领带等服饰在身，行走起来却很不自然"的天皇，与此前作为帝国统帅的天皇相比，确实判若两人。③

但是，对战后巡幸期间民众的欢迎方式以及媒体的报道等进行仔细考察后，不难发现这样的事实：这种巡幸更多体现的是与战前的"连续性"而非"断绝"。例如，保阪正康针对1946年2月天皇巡幸神奈川时的研究报告指出，无论是各地的接待安排还是归国士兵应对巡幸的心态，都与战前完全相同。保阪指出，当天皇一行到达横滨市区重要的商店街时，街道两侧聚集了欢迎的人群，排在最前列的则是商店街的老板，他们秩序井然，扮演了安保警备的角色。自神奈川行幸之后，天皇的巡幸和行幸④陆续展开，巡幸也成为巨大的面子工程，许多当地的政治家也被动员加入欢迎天皇巡幸的队伍中。⑤

从对战前的"连续性"的接受程度来看，当地媒体的报道显然要比

---

① 铃木しづ子「天皇巡幸と象徴天皇制の確立」『歴史評論』1975 年 2 月号。
② 坂本孝治郎『象徴天皇がやって来る』。
③ ジョン・ダワー『敗北を抱きしめて――第二次大戦後の日本人（上・下）』。
④ 巡幸和行幸都是天皇离开首都对地方的访问，差别在于巡幸指一次出行访问多个地方，而行幸指仅访问一个地方。
⑤ 保阪正康「天皇、天降る日」『別冊文藝春秋』1989 年新春特別号。

全国性主流媒体更加积极。相较于《朝日新闻》《每日新闻》等主流媒体的片段式报道，当地媒体则呈现出另一个极端，对天皇巡幸过程中的一举一动都进行了细致入微的报道。例如，1947年10月天皇访问上信越地区时，《信浓每日新闻》①的头版对天皇的访问做了非常细致的报道。仔细阅读每一条报道稿后可以发现，其内容和报道方式与战前明治天皇的巡幸场面几无本质差别。（图2-2）

图2-2 《信浓每日新闻》对天皇巡幸的报道（1947年10月8日）

在直接听取当地官员介绍的过程中，天皇会表现出眨眼侧耳、应许点头等动作。介绍完毕后，他往往会留下"继续努力"等鼓励话语。当地的民众发言常见的表达都是"陛下亲莅至此，我等已然忘记过去遭受的苦劳。另外，逝去的人们也会安心满足"之类千篇一律的套话。然

① 以长野县为中心发行的地方报纸。

而事实上，这些包括当地民众感恩之语在内的评价却很少出现在报纸的报道中。在巡幸的对象地可以看到感恩至极的民众"双手合十、感激涕零、泣不成声"等描写，却唯独不见当地民众对"人间天皇"的直接感触和真实表达。

围绕天皇的这一系列巡幸，报社内部也不是没有质疑的声音。在结束长野行幸后的 10 月 16 日，《信浓每日新闻》刊发社论，对巡幸的"崭新性"表达疑问。社论首先断言，"我们所看到的天皇，即所谓的'人间天皇'，还没有真正形成"。例如，"在不同地区、不同场所，人们迎接天皇的态度是不同的，比如有些地方专门装饰了'奉迎门'，而有些地方则没有；沿路有些奉迎者高呼万岁，而有些则没有；陛下在各地虽然说了相同的鼓励的话，但是有些地方的民众感激涕零，而另一些地方则完全没有反应。因年龄、境遇的不同，民众对天皇的巡幸表达了不同的态度，与此同时，各地民风以及职业风格的差异也在巡幸的态度上呈现了出来"。

社论进一步指出，"这次巡幸过程中，最丑陋的一幕在于地方官员出于各自的政治目的而对巡幸进行政治利用。例如，天皇就农业所提出的问题，大多不是由当地的农民，而是地方议员花钱雇来的专业人士来回答"。县政府当局以及警察的态度可谓旧态不改，"警察部门只顾增加警车的数量，丝毫不顾及具体情况，认为他们的使命就是紧紧跟在天皇的后面"。

伪天皇的出现

不过占领期间围绕天皇身体所产生的变化，并不仅限于天皇这一传统的延续这么简单。天皇在对地方进行巡幸的过程中所使用的口头禅"啊，这样啊"等也时常为民众所诟病。而与寄给麦克阿瑟的书信相同，在有关天皇的讨论中，民众也并非一味地折服于天皇的权威，同时也有将权威为我所用并且假借"天皇"这一身份来表现自我的案例。其中的典型就是 1940 年代末期活跃在日本各地的伪天皇。

战后不久，名古屋一位名为熊泽宽道的杂货商向占领军司令部提交了一份陈情书，表示他本人才是南朝正统的天皇，现任天皇裕仁作为北朝子孙理应退位。熊泽指出，现任天皇不仅仅是战犯，同时作为 554 年前通过阴谋与暗杀篡夺皇位者的子孙，不配拥有皇位。真正的皇位继承人是南朝的天皇，其第 9 代传人信雅王在移居到尾张时之岛时改姓熊泽直到现在。现在熊泽家还保存着"熊泽家文书"以及家谱等证据，其家纹也与现天皇家 16 朵花瓣的菊花纹相同。熊泽家自明治时期起就不断向政府陈情，但一直没有获得政府的正面回应。如今拥戴北朝天皇的日本遭遇战败，从美国派来了新的将军，正是一雪南朝 600 年耻辱历史的最佳时机。

熊泽有关自己才是真正天皇的声明本身疑点重重，不过这些可疑的说法被《每日电讯报》（*The Daily Telegraph*）的特派员注意到，特派员对熊泽进行专访并且将采访内容刊载到报纸上。《生活》（*Life*）杂志的报道稿甚至还贴出了熊泽本人的照片（参见图 2-3）。在舆论界引起广泛反响之后，这位"南朝天皇"的势力随之扩大。1946 年到 1947 年间，海外媒体威信极高，这让他在国内也收获了不少拥趸。熊泽成立了"南朝奉戴同盟"，以大阪为总部，并在全国十三地设立支部，同盟会员据说有 3000 余人。熊泽甚至还放出风声，时机合适就以"大延天皇"之名继承皇位，并放言要在与南朝渊源深厚的吉野①营造"皇居"。

图 2-3　美国《生活》杂志（1946 年 1 月 21 日刊）

到了这一阶段，或许是熊泽天皇备受吹捧的缘故，全国各地出现了多位自称"真天皇"的案例。其中，爱知县津岛出身的熊泽乃武夫宣称自己才是熊泽宗家的子孙，要与宽道竞争。同时，岐阜也有一位名为熊泽常光的人士自诩为天皇，而熊本则出现了两位"天皇"，其中一位总是穿着衣领上印有"法天皇"的短外衣，另一位则脚穿木屐、手持念

---

① 吉野位于奈良县南部，日本历史上的南朝政权所在地。

珠。此外还有来自爱知县丰川和福岛县葛尾的两位人士，他们均称自己
是继承南朝皇位的长庆天皇的子孙，并分别以"三浦天皇""葛尾天皇"
自称。冈山县则有自称后龟山天皇后裔的"酒本天皇"。在鹿儿岛的鬼
界岛还有一位名为长滨丰彦的人士，他自称是当年"坛之浦合战"① 中
战败跳海的安德天皇的后代。据说安德天皇跳海后得救，隐居鬼界岛
而维持皇统。事实上，该岛有很多关于安德天皇的遗迹和传说，作为
继承岛上神社家系的"长滨天皇"，他本人也得到部分岛民的支持。
如此看来，这些伪天皇的主张恐怕并非个人单纯妄想的产物那么简
单。总之，在占领期间，日本全国上下多达 30 人自称具有正统皇位继
承权。

这些伪天皇的出现并不是说明他们从情感上对固有天皇制的否定，
也不意味着他们从根本上否定以天皇的肉身为权力中枢的体系。准确地
说，伪天皇们是对天皇肉身抱有强烈热情，因此将自己与其同一化，这
反映的是人们对天皇制情感结构上的共情。

天皇裕仁的巡幸与伪天皇的登场几乎同期发生，这看似毫无关联，
但也绝非偶然。进入战后这一特殊的时期，对于那些想要保护裕仁天皇
的民众而言，只有通过"人间天皇"的方式来粉饰"天皇的神性"，方
可渡过危机。但是，在神圣性危机爆发的当口，人们的肺腑中所喷发出
来的东西并不出自单纯意义上"世俗化"的逻辑，而是"神圣"与"戏

---

① 坛之浦合战指日本平安时代末期的一场战役，也是源平两家战争的最后一战，经
此一役，平家所支持的安德天皇跳海自杀。

谑"相混沌的机制的产物。在麦克阿瑟掌握无与伦比的权力的背景下，天皇作为至高无上的象征，其权力得以弱化，这为无数伪天皇的滋生提供了土壤，他们恰如狂欢节中扮演国王的小丑角色那般粉墨登场。

狂欢终归短暂。伪天皇的狂热随着占领期的终结而走向低潮。其中，作为话题人物一直炒作到最后的，正是上述首位伪天皇熊泽宽道，而他的命运也以悲剧告终。1951年他将天皇裕仁推向被告席，理由是"作为天皇失格"。他的诉讼被驳回，后来生活也陷入窘境。百般无奈之下，他只好出没神户、东京的剧场，以"天皇"角色为亮点维持生计。但这些转型并没有取得成功，后来他皈依天理教，以东京葛饰一带的"法皇厅临时法务所"为据点四处奔走，于1966年去世。自1950年代中期以后，伪天皇被大众热捧的现象再也没有出现过，反倒是战后天皇制从此开始进入稳定期。

《真相》中的天皇形象

占领期间天皇制所面临的危机并不仅限于伪天皇的陆续登场。其实在整个战后史的历程中，天皇遭受火力攻击最猛烈的恰恰也是在这一时期。在媒体舆论界，以《真相》为代表的一批杂志对这一时期的天皇形象做了大胆表现。《真相》于1946年3月出版创刊号，刚上市就卖出了2万册，巅峰时期销量甚至超出10万。该杂志受到日本共产党的影响，最初甚至想用《天皇评论》作为刊名，足可见其对"天皇"的执念。特别是有关天皇的花边新闻是该杂志的专属，诸如《解剖裕仁君》《裕仁

图 2-4 《真相》（第 40 期，
1950 年 4 月）

一家的配给生活探访记》《天皇果然是扫帚》① 等十分吸引眼球的标题均出自该杂志的手笔。(图 2-4)

该杂志最擅长的是有关"人间天皇"私生活的报道。《裕仁一家的配给生活探访记》（第 20 期）详细记载了天皇一天的配餐表，"裕仁氏是个十足的吃货，尤爱烤鳗鱼、天妇罗等油炸物配荞麦面，水果则喜欢香蕉，除官方宴请以外滴酒不沾，偶尔喝一点进口法国葡萄酒。皇后倒是酒瘾挺大，天皇在场的时候虽然不喝酒，但是每晚总要喝一杯啤酒，日本酒则要斟到茶碗八分满"。另外，该文还指出，天皇家平均每日蔬菜摄取量要比上野动物园的河马多，但是不及大象，诸如此类文风的内容在杂志中屡见不鲜。

在以《天皇皇后的日常》（第 26 期）、《天皇皇后的朝朝暮暮》（第 27 期）为题的匿名座谈会上，原宫内府的职员所谈论的内容从皇后对香水的爱好，到天皇夫妇寝室的双人床，乃至宫中女官的私生活，可谓无所不包。此外，在《科学家天皇的生态》（关西版）一文中，天皇作为生物学家的能力遭到质疑，文章称其研究工作其实完全是委托给天皇

---

① "天皇是扫帚"这一说法起因于对天皇到地方巡幸而展开的批评，因为天皇每到一处，当地都要打扫得干干净净，讽刺天皇发挥了扫帚的功能。

私设的研究所的职员来进行的。在《调查人间天皇的税金》（第18期）一文中，该杂志质疑"天皇既然回归到了国民身份，不纳税岂不是违背其作为人间天皇的本意"，并主张应该调查天皇家的纳税情况。

四　谁让她们成了这样？

占领的暴力、女人的身体

除了占领初期的几张照片外，麦克阿瑟统治日本期间基本上很少出现在公众面前，特别是在媒体上近乎隐形。在对日占领的这个大舞台上，他很好地扮演了父权制中父亲的角色，但是其作为演员的才能并没有得到充分的发挥。占领期的媒体呈现出的是"封闭的表象空间"，似乎"占领"本身就不曾存在一样。另一方面，这一时期聚集了战败国民众视线的是天皇裕仁。整个占领期间，他在媒体上露脸的次数非常频繁。与此同时，他本人身体力行做了全国巡幸，吸引了观众的目光，让大众感受到天皇依然处这个国家的中心地位。

即便如此，占领却真实地存在着。麦克阿瑟的指令与民众的生活息息相关，街道的任意角落都能看到占领军士兵的身影、美军的相关设施、英语标识、军需物资等，这些包围着战败国民众的日常。因此，媒体层面或者官方层面占领军存在感的淡化与日常生活或非官方层面占领军的压倒性存在形成了鲜明反差。

这种反差集中体现在战后日本人对占领期某些具体领域的批判上。其中最值得关注的是来自美军士兵的暴力，特别是性暴力的表现方式。更具体来说，就是指占领期间在日本政府的慰安妇政策支持下发展起来的，以美军士兵为服务对象的站街女群体。她们在审查机制无法触及的领域中，以身体作为媒介象征性地表现出 "占领" 这一事实的存在。天皇的身体在麦克阿瑟以及占领军的权力支撑下扮演了作为其代理人的角色，而这些女性的身体则将占领期的暴力正面呈现了出来。美军士兵的形象消失于媒体，即使麦克阿瑟本人的形象也收敛起来，但是这些女人的身体却以间接而又十分明了的方式将 "占领" 展现了出来。

在占领期的审查体制下，毫无疑问，有关这些女人和士兵之间性交易的报道是被禁止出版的。但是，即便没有直接的描写，或者在涉及美军士兵内容中没有直接出现这些女人，人们也很容易明白同时期的小说、电影甚至漫画中身穿妖艳服装、脚踏高跟鞋、拎着手提包、涂着口红的女人究竟是何方神圣。她们通常有一个洋气的英文名，手提包里大多放着巧克力和香烟等在当时被视为奢侈品的小物件。

例如，石川淳在 1946 年 3 月创作的作品《黄金传说》中就有这样的情节，主人公朝思暮想的女人突然成为了以美军士兵为服务对象的站街女。她的大手提包里面塞满了香烟、巧克力等当时在日本很难买到的稀罕物。她推开了主人公，跑向了人群中高大且皮肤黝黑的威猛士兵。

石川淳为平淡、灰暗色调的日本街道风景配上了女人妖艳的红妆、黑人士兵的黝黑以及纯白、淡红等色调，生动地刻画出了"占领"的风景。

RAA 与政府公认的占领军慰安妇

日本在战败后之所以会出现数量众多的以美军士兵为服务对象的站街女，这跟内务省所组织成立的特殊慰安设施协会（Recreation and Amusement Association，简称 RAA）有密切的关联。伴随着终战而诞生的东久迩宫内阁于 8 月 18 日通过了《占领军士兵对我妇女犯罪的预防对策》，并以电报指示的形式向全国公开招募慰安妇以服务占领军士兵。战时日本士兵曾对朝鲜半岛、中国以及亚洲各地的妇女实施有组织的性暴力，统治阶层认为占领军也一定会对日本女性下手，因而"胆战心惊".① 所以，像战时提供给日军士兵的服务那样，日本政府决意组织慰安妇向美军士兵提供服务。

当 8 月末美军全面进驻日本时，日本政府也准备在此时开放一批慰安设施。甚至还推出了如下内容的广告："作为战后处理之国家紧急措施之一环，现诚招参与驻留军慰安大事业的新日本女性，年龄在 18 岁至 25 岁之间，提供食宿。"当时在满目疮痍的都市中，很多生活穷困的女性选择参与这一政府主导的慰安妇招募事业。结果，自 8 月 15 日开始不到两周，仅东京一地经过政府和警察运作后就"诞生"了 1360 名

---

① ジョン・ダワー『敗北を抱きしめて——第二次大戦後の日本人（上・下）』。

慰安妇，之后在东京都内 33 家 "营业所" 约有 2000 名所谓的 "舞女" 给美军士兵提供服务。

此后，在占领军中枢机构汇集的银座附近，除设置在此的 RAA 总部之外，还陆续开放了多家慰安设施，例如，伊东屋、千疋屋等 10 家商店下设啤酒屋、夜总会、酒吧等娱乐设施。其中，七丁目角的银座惠比寿啤酒馆于 9 月 12 日开店。而银座松阪屋地下三层则是由政府临时改造的、以占领军为服务对象的公娼设施，该设施有 400 余名所谓 "舞女" 的慰安妇。警视厅将这些公开招募的女性称为 "特别挺身队员"，而占领军称她们为 "有组织的妓女"。①

松阪屋地下有家名为 "银座的绿洲"（Oasis of Ginza）的舞厅，作为大规模的慰安设施十分出名。除此之外，还有 300 人规模的伊东屋、150 人规模的千疋屋、东京啤酒馆、耕一路、绿绿馆等多个慰安设施集中在银座一带。这些慰安设施原则上不允许卖春，"但是这一原则的有效期限非常短"。② 东京都内还有大井、大森、成增、龟户等地建有慰安设施，全国大概有 8000 多名女性在国策之名下从事慰安妇的工作。

关于这个以政府名义成立的 RAA 慰安设施其后的命运已经有相当多的研究。RAA 的娼妓们只需要 1 美元就可以把身体出卖给美军士兵，而 1 美元甚至只能买半盒香烟。随着美军士兵的频繁光临，RAA 内部的性病传染迅速扩散，导致大量美军士兵被感染。在遭到美国国内女性

---

① 平和博物館を創る会編『銀座と戦争』平和のアトリエ、1993 年。
② 同上。

团体的批判后，GHQ 于 1946 年 1 月全面禁止了 RAA 的卖春行为。这些"为祖国而奉献"的女性被赶出慰安所，不少人沦落为站街女。当然，也有很多女性并非通过 RAA 的慰安所而成为卖春女或是被美军士兵包养。总之，在占领期间，以美军基地周边、东京、横滨等大都市为中心，出现了大量以美军士兵为服务对象的"暗娼"。

潘潘女郎①的美国主义以及男子气概的重构

在占领期的都市风景中，以美军士兵为服务对象的娼妓们并非单纯是军事性暴力的受害者，同时还具有特别的文化政治性象征意义。正如石川淳在《黄金传说》中所呈现的那样，"潘潘女郎们或挽着美军士兵粗壮的胳膊，或在美军士兵的吉普车上肆无忌惮地喧哗，刺痛着日本人的自尊，特别是让日本的男人感受到前所未有的悲愤"。② 与此同时，"潘潘女郎们也在无意间成为战后日本物质第一主义和消费至上主义的先驱……因为，毕竟大街上的普通人能够像潘潘女郎们那样从征服者身上聚敛财富的人并不多。美军的专卖店，即有名的'PX'③，在那个穷困的时代，宛如从魔法王国带过来的宝库一样，不仅有主食，还摆满了烟、酒、糖、珍味以及能够勾起性幻想和让人颓废的口红、尼龙丝袜等女性用品"。④

① 潘潘女郎（パンパン）是指战后在日本红灯区为驻日美军提供性服务的妓女。
② ジョン・ダワー『敗北を抱きしめて——第二次大戦後の日本人（上・下）』。
③ PX，即 Post Exchang 的缩略语，指美军基地内的商店，一般译成军用商店。
④ ジョン・ダワー『敗北を抱きしめて——第二次大戦後の日本人（上・下）』。

关于美国的消费主义风潮如何影响战后日本人的日常意识，本书下文还将详细阐述。最初引领这一消费主义风潮的，并非迎接太子妃美智子的皇室一家，也不是趋之若鹜购买家电制品的山手地区的太太们，而是更早以前在占领期的街头以美军士兵为服务对象而出卖身体的女人们。"她们鲜艳的红唇、绚丽的服装，不仅作为潘潘女郎的象征，更代表了普通民众遥不可及的美式欲望和最新潮流。对于战时以来一直省吃俭用的民众而言，这无异于巨大的冲击。在日本，性感妖娆的潘潘女郎从外观来看是最接近好莱坞的存在。"① 美军士兵们在驻日期间，为了这些女人出手阔绰，不仅给钱，而且赠物，奢侈程度以当时日本人的平均水准来看可谓遥不可及。通过与占领军这种挥金如土的主顾的结合，潘潘女郎们快速越过固有的阶级秩序，一跃成为引领潮流的先锋。

这些潘潘女郎的美国主义确实带有体制扰乱者的性质。如前章所述，以好莱坞为代表的形象与欲望其实在 1920 年代就已经在日本大众文化层面传播开来，所以才有上述《痴人之爱》中奈绪美那种出身卑微却掌握了过多的美国属性的角色出现，她们甚至会威胁到地位比其更高的本国男人的主体性。当然，就整体而言，在两次世界大战期间的日本，所谓对美国的欲望虽然经过文化精英、电影、爵士乐等媒介开始向大众阶层普及，但并不是谁都能够切身体验到这样的美国。事实上，能够穿着新潮服饰游走于银座大街的摩登女郎也只限于经济条件有保证的

---

① ジョン・ダワー『敗北を抱きしめて――第二次大戦後の日本人（上・下）』。

女性而已。但是，进入占领期以后，有美国大兵撑腰的潘潘女郎们则革命性地颠覆了这种阶级序列结构。潘潘女郎们引起的革命可并不限于东京、大阪等大城市，九州、北海道等有美军驻扎的地方均有这样的景象。潘潘女郎所引领的新时代美国主义旋风，给一直居于轴心位置的男子气概带来颠覆性的威胁。

这种来自潘潘女郎的威胁后来随着占领的终结而烟消云散。从战后日本在国际关系中的位置来看，美国显然已经无法被日本边缘化处理，但是作为占领期的潮流引领者的潘潘女郎们却极容易被排挤。随着美军士兵渐次撤退，日本男性主导的家庭秩序得以回归，娼妓们也重新回到此前所处的边缘性位置。她们如今已经不再是代表美国主义潮流的女性主体，反而成为遭受美军性暴力的受害者。她们被表现为人生凄惨、需要救济的形象。而 1950 年代中期以后所形成的新美国主义的主力军不再是潘潘女郎，而是接受过"民主主义"洗礼的中产阶级家庭主妇们。

迈克尔·莫拉斯基（Michael S. Molasky）对"占领文学"，即描述在战后日本所出版的描写美国占领者与其占领下日本民众关系的作品（但也不完全限定在"占领下"）做了缜密的解读。他指出，1950 年代的大多数男性作家将目光聚到被美军侵犯的日本女性的同时，也极为关注如何有效重振日本人的男子气概，或者说如何以此为基础建构国民主体。[①] 在莫拉斯基所列举的代表性著作中，就有 1953 年出版后引起强烈反响的

---

① マイク・モラスキー『占領の記憶/記憶の占領』鈴木直子訳、青土社、2006 年。

《日本的贞操》① 一书。占领结束后,日本的记者、作家们将卖春、美军的性暴力等作为占领期"社会问题"的代表,创作了一系列非虚构类作品。这些作品的内容从有关卖春的实地调研到真实性存疑的口述告白,涉及题材繁多。这些著作和报道"如今大部分已经被遗忘,但是在当时却收获了众多的读者,对整个 1950 年代的日本舆论产生了显著影响"。

在这些相关言论中,被美军侵犯的日本女人一方面是"悲剧性又值得同情的弱势群体",另一方面又象征着"女性欲望的喷发和不受拘束的性",兼具从属性与超脱性。与此同时,故事内容中遭侵犯的女性的个人悲剧还时常与"外国统治下这个国家整体的命运"联系起来。《日本的贞操》作为其中最敏感的著作之一,就是该隐喻的典型体现。该书的封面图案是两具茫然自失的女性裸体,呈现出"女性被外国士兵侵犯后的悲惨",以此来唤起读者的被虐感和屈辱感,也让他们联想到占领期日本的国家命运。该书所收录的"告白"中,不厌其烦地强调这些女人的脆弱无助。这类言说"塑造了无垢的女性遭受暴力侵害的形象,并将她们的痛苦诉诸共有的国民体验,以此来巧妙地掩盖伴随着'战败'而产生的男性屈辱感"。②

令人诧异的是,莫拉斯基通过各种线索了解到,这本书的"告白"

---

① 水野浩編『日本の貞操——外国兵に犯された女性たちの手記』蒼樹社、1953年。
② マイク・モラスキー『占領の記憶/記憶の占領』。

并非出自娼妓口述，甚至都不是出自女性之手，而是男编辑出于吸引读者的关注而凭空编撰来的。《日本的贞操》中备受好评的章节《临死也要倾诉》的作者"小野年子"说，她的告白是基于6本放在枕边且已经布满褶皱污秽的笔记整理而成，如此一来的确让倾诉具有了现实感和临场感。她的堕落始于美军对她的强奸，作为有别于同时代其他女性的"特别的女人"，她的这一自我认同也获得了公众的认可。她的悲惨遭遇则引起了读者对已经离开日本的占领军的强烈愤慨，正是他们让这些"特别的女人"的人生处境悲惨。读者们不禁扼腕捶胸，感叹自己生活的世界与这些女人竟然如此不同，这就是本书想要给读者制造出的效果。

老练的男编辑以如此狡猾的套路让《日本的贞操》登上了畅销榜，而1950年代一系列煽情的"潘潘女郎"相关出版物如雨后春笋层出不绝。在此之前的占领文学多着眼于那些眼睁睁看着身边的女性遭到蛮横的美军士兵侵犯却无力相助的日本男性，展现出了一种被阉割、无能的性隐喻；而1950年代的"告白"则将"牺牲者"特殊化，推向日常世界的外部，特别是对那些美军士兵，日本男人如若隔岸观火一般痛斥他们的暴行，这样就确立了日本男性的主体性地位。潘潘女郎是居于普通日本人群体外围的特殊存在。对于普通人而言，他们可以肆无忌惮地发泄对蛮横的"美国"的愤怒，并在将这一蛮横的"美国"放逐的同时，有选择性地将其想追求的"美国"融入到日常生活中去。

本章以麦克阿瑟、裕仁天皇和站街女这三个不同主体的身体为例，详细讨论了三者与占领期的文化地政学相衔接的过程。占领塑造了多个不同的身体表征，有麦克阿瑟和裕仁天皇，也有硝烟之后的站街女。他们的身体表征的使用效果虽然并未如占领军所预想的那样成功，但是在彼此复杂的交错中共同构成了占领期的基本图像。

就麦克阿瑟的形象而言，他本人确实握有绝对实权，但是他在厚木机场降落后的表演并未被日本媒体准确捕捉到。麦克阿瑟与天皇历史性会见的照片恐怕也不是单纯以象征主义就可以解释的，照片自身具有双重意涵。但是，回顾整个占领期可以发现，麦克阿瑟作为占领者逐渐退居幕后，而天皇的身体则跃居台前，这意味着天皇与占领者形象的换位以及二者之间潜在的 "拥抱"。

此外，比麦克阿瑟和天皇更能凸显 "占领" 之存在的是硝烟之后娼妓的身体。她们的存在有着明确的指向，即美军士兵通过对这些女人的性支配来展示其作为这个国家占领者的形象。在占领期以及此后的文学场域中，"潘潘女郎" 这一形象的展现在某种程度上比麦克阿瑟和天皇更加重要，因为她们的存在以露骨的形态展现出日本社会中被隐藏的问题。

那么，在这些一连串的表征中，"日本" 的 "男人们" 的主体性又是以怎样的方式体现出来的呢？当美国士兵逐渐退出日本本土之后，潘潘女郎被排挤到主流之外，最终被视为一种普通大众之外的边缘性群体。本书第四章将会论述 1960 年代 "日本的技术力量与作为家电主体的主妇" 取代 "美军士兵与潘潘女郎" 成为更突出亮眼的组合。但是在转型期的 1950 年代，日本都市空间在仍然以各种方式受到美军基地的深刻影响的同时，也在逐渐忘却基地本身的存在，这一双重过程并行不悖。从银座到六本木，从原宿到湘南，战后日本的都市大众文化在占领军与年轻人的互动之中形成，但这种互动史不久以后就消失于都市以及媒体的表层。互动的消失也让战后日本国家主体的建构重新具备了可能。下一章将重点探讨这一内容。

第三章

美军基地与湘南男孩

日比谷十字路口附近，1946 年 7 月日本的街头景致
（福島鋳郎編『G. H. Q. 東京占領地図』雄松堂出版、1987 年）

一　从基地渗透出来的　"美国"

从日军基地到美军基地

美国是以军事基地构筑起来的帝国。19 世纪末，西欧列强对殖民地的瓜分进入鼎盛期，并形成了以殖民地经营为基础的帝国主义秩序。而美国稍显不同，它是通过遍布世界各地的军事基地网络来维持全球霸权。特别是二战后，美国在"反共"的名义下相继设立国家安全委员会（NSC）、国防部、参谋长联席会议、中央情报局（CIA）等各种军事机构，并在全球范围内建立了广泛的基地网络。

战后 40 年间，美国联邦政府将大量的预算投入到安全保障部门，仅从 1950 年到 1953 年，联邦军事预算的具体金额增加了两倍，以国内生产总值占比来看也增加了一倍，朝鲜战争后这一增速也没有放缓的趋势。直到冷战结束时，美国的国防预算一直维持在联邦预算总额的20％、国内生产总值的5％以上的比例。这个国家在战后"自由资本主义体制下创造了物质极大丰富的社会，同时却又一直延续着准战时体制"。①

---

① 古矢旬『アメリカニズム』東京大学出版会、2002 年。

截至冷战结束，美国在海外共有 375 处军事设施，并有 50 万人规模的美军士兵驻扎在这些军事设施。当前美国在德国、英国、冰岛、意大利、西班牙、希腊、土耳其、澳大利亚、日本、韩国、巴拿马以及中东、近东各国仍有大量军事基地，驻军数量达 140 万人以上。[①]

美国在亚太地区的驻军尤以日韩两国居多，当前美军在日本有 105 处设施，基地面积达 32000 多公顷，兵力数量达 5 万人（其中，在冲绳有军事设施 43 处，面积约 24000 公顷，兵员人数 25000 人以上）。特别是近年来随着美军重组以及日美同盟的强化，在日美军已经将日本的自卫队纳入到其作战体系中。美国在韩国约有 96 处军事设施，驻军约有 36000 人。也就是说，仅日韩两国就有接近 9 万名美军士兵驻留，从世界范围来看，这里显然是美军战略布局的最重要据点之一。

那么，冷战初期的日本有多少美军基地呢？根据基地问题调查委员会的统计，1952 年日本本土有 733 处美军基地，总面积达 145600 町步[②]，大致与大阪府的面积相当。如果考虑到军用飞机起飞降落以及美军士兵直接活动的区域，其总面积大致与四国岛相当。在这些基地设施中，演习场占地面积最大，占比约 67％，接下来依次为飞机场 13％、兵营 11％。

除此之外，在日本列岛周围还散落着 39 处美军的海上演习场所，

---

① 指该书出版的 2007 年以前的情况，下同。
② 日本计算山林田地的计量单位，1 町步约合 9917.36 平方米。

覆盖水域可匹敌整个九州的面积。仅关东一地，就有立川、约翰逊（丰冈）、横田、厚木、木更津、柏、前渡、大田、馆林等十几个飞机场，兵营则集中在原宿的华盛顿高地（Washington Heights）和练马的格兰特高地（Grant Heights），而神奈川县的川崎、横须贺、茅崎，埼玉县的所泽、朝霞，千叶县的松户等地也有兵营分布。此外各地还遍布着美军的弹药库、补给厂以及高射炮等设施。

值得注意的是，美国在结束对日占领后，军事基地的数量非但没有减少，反而还有所增加。1953 年 11 月，美军演习场、飞机场以及保安队接收地面积超过 180000 町步，相较于前一年增加了 35000 町步。①进入 1950 年代末期，美国在日本本土的基地数量呈减少趋势，但是在占领刚刚结束的 1950 年代初期，其基地数量仍在增加却是不争的事实。

分析驻日美军基地时尤其应该注意的问题是这些军事基地从战时到战后的连续性。这些在战后成为美军基地的土地在战前原本就是日军的基地，所以这些基地与当地社会的关系都有和战前保持连续性的一面。事实上首都圈几处主要的美军基地如横须贺、厚木、座间、立川、横田、约翰逊、朝霞等都直接继承自日军的基地。横须贺基地从战前开始就是与佐世保（长崎）、吴（广岛）等地并称为海军"镇守府"的重要军港。座间在战时设有陆军士官学校以及海军工厂，厚木基地在战时则是日本海军的防控据点。立川基地作为陆军航空部队的核心据点建设于

---

① 基地問題調査委員会編『軍事基地の実態と分析』三一書房、1954 年。

大正年间，战争末期则有大量的特攻队员从这里奔赴前线。1940 年，横田飞机场作为立川机场的附属设施启用，最初名为多摩机场。约翰逊基地此前名为丰冈机场，陆军航空士官学校就设立于此，现在是自卫队的入间基地。朝霞基地在战时为陆军预科士官学校的练兵场。千岁、三泽、佐世保等全国各大基地的情况也基本相同。即便是冲绳的嘉手纳基地，其前身也是日本陆军航空队的机场。

思考战后日本的基地问题，不能忽视其与战前日本军之间的连续性。鹤见良行在 1950 年代初曾对旧熊谷少年陆军飞行学校周边的民众进行调查采访。美军在接收该飞行学校后将基地命名为惠廷顿基地（Camp Whittington）。鹤见在调查中发现，基地周边民众面对美军时，基本沿袭了此前面对日军时的关系定位（即他们认为驻扎在基地的美军与此前的日军没有区别），与此同时，他们的对美意识还伴有对在基地周围酒吧和夜总会工作的女性的歧视心理。由此可知，"对于当地农村的民众而言，过去日本军队的驻扎其实是给他们提供了发展经济的机遇，从人生观的角度来看也带来了新发展方向的可能，又因这种相互联系而让他们产生了心理上的稳定感"，"民众已经产生了对军队的免疫功能，并积累了从军队中获得某种经济保障的足够经验"。所以，他们期望能和来接管的美军保持着像过去同日军打交道时一样的关系。

基地周边有几十家以美军士兵为服务对象的店铺。民众并不反对店铺的存在，反感的也并非美军本身，而是以美军为服务对象的女人。当地民众对她们极为不齿，认为"这些女人骗取美军士兵的钱财，品行恶劣低贱，是下等阶层"。另一方面，当地民众通过租借给美军店铺以及给这些美军士兵的情妇提供房屋等获得了不菲的收益。房东和其他民众"一方面利用并压榨这些处于从属地位的女人，另一方面又自恃清高，表现出对这些女人的反感"，极为自相矛盾。[①]

占领军与战后的歌谣文化

对于战后的日本民众而言，附着于军事基地的寄生关系虽并非肇始于美军的驻留，却在很大程度上影响了日本的文化生活方式。基地围栏的外面播放的爵士乐和夏威夷音乐，以及电影、时尚、饮食文化等渗透出"物质极大丰富"的美国形象，这些都始于战后。这里的"美国"对于基地周边的民众而言是一种诱惑性的存在，也作为一种日常的风景浮现于日本社会。

我们来看看美军基地与大众音乐之间的关系。在占领期间，美军基地以及慰安设施因为与普通日本人的生活相隔绝，其收入待遇远高于其他场所，这让众多的年轻歌手在短时间内云集于此。伊东由佳里从 6 岁起跟随父亲在基地驻唱。江利智惠美读小学四年级时就以美军士兵为听众开始歌手生涯。松尾和子 15 岁时于北富士的基地登台献唱。森光子也在基地巡回演唱，施展其学到的爵士乐技艺。当时不仅有通过中介推

---

① 鶴見良行「基地周辺のひとびと」『鶴見良行著作集 1』みすず書房、1999 年。

荐而在基地谋生的年轻人，在东京车站北口、新宿车站南口等也云集着数百位音乐人，他们连日在卡车前竞演。[①] 在此背景下形成了所谓的经纪人职业，进入电视时代后，这些经纪人又控制了当时的大众娱乐。

东谷护对占领期间基地乐队成员的表演在战后歌谣文化中所起到的核心作用进行了详细的研究。东谷研究发现，占领期雇用乐队的美军相关设施大概有三种，分别为 RAA 设施、各部队直辖的会所以及日本人经营的夜总会和歌舞厅等。其中，部队直辖的会所又分为将校会所（Officers Club）、下级士官会所（Non Commissioned Club）和兵员会所（Enlisted Men's Club）等级别。当时，这种类型的会所仅在日本本土就有 500 多家，各家会所均有为美军士兵服务的乐手，数量相当可观。这些会所是不对普通日本人开放的密闭空间，从业人员和乐队成员们却可以自由出入，因此可以说他们在某种程度上享受着与美军士兵交往的特权。战后日本的爵士乐以及后来以组织化形式运营的娱乐圈，都发源于日本音乐人同占领军的交往。[②]

东谷强调了在这一音乐实践的场域中美军士兵与乐队成员视线的一致性。随着占领的推进，美军士兵大量进驻日本。美军在日本各地建立基地以及会所等周边设施，随之增加的是对乐手的需求。在战争时期，爵士乐作为敌国音乐被禁止在日本传播。进入占领期以后，美军对爵士乐的相关需求暴增，市场甚至陷入供给不足的状态。所以，哪怕是演奏

① 桑原稲敏「進駐軍と戦後芸能」『別冊新評　戦後日本芸能史』新評社、1981 年。
② 東谷護『進駐軍クラブから歌謡曲』みすず書房、2005 年。

经验不足、技术尚未成熟的人均能谋到收入尚可的职位。

这些谋到职位的人"在既定的体系中尚未明确自身所处的位置的情况下，尽力满足军方所提出的各种要求"。也就是说，这些乐手并没有自主选择曲目演奏的权限，也不存在擅长或者不擅长之说，只能按照会所的要求来演奏。他们被要求演奏的并非战后日本流行的音乐，而是同时期在美国流行的音乐，从爵士乐、乡村音乐到夏威夷音乐等种类都要模仿演奏。

这导致形成了什么样的"音乐"或者说"身体"呢？与通常的表演者与观众的关系不同，在这里，观众的视角占据绝对主导地位。表演者只能在具有绝对优势的观众面前根据其需求进行表演。这一状况与过去几个世纪西方帝国对殖民地进行统治的机理何其相似！美国并不要求表演者演奏"东方"或者"异国情调"的音乐，而是要他们模仿"美式音乐"来演奏。该种关系结构与英国对印度、美国对菲律宾的殖民统治相同，恰如其分地突出了殖民同化的侧面。在基地工作的日本人遇到的只是非常大众化的美军士兵。美军士兵需要的并非所谓的来自"东方"的原创，而是"本国（美国）的模仿品"。

基地文化在冲绳的延续

截至 1950 年代中期，日本本土的基地周边同冲绳、韩国、中国台湾地区、菲律宾等冷战初期美军所涉足的各基地周边，事实上是一个有机整体。在冲绳，美国在亚洲最大的据点嘉手纳基地对面的胡差市，美军基地与大众音乐的复合体曾长期存在。进入 1960 年代以后，日本本土的美军基地整体规模开始缩小，但是在支撑美军亚洲战略整体的"太平洋要冲"冲绳，其军用地反而呈进一步扩张的趋势。基地周边的街道离不开以美军为服务对象的慰安设施。胡差就这样从冲绳本岛战火的灰烬中，作为与基地相邻接的难民收容地而重新出发。不久之后，胡差的街道通过建立商业中心以及八重山特饮①街等方式开始向美军提供慰安服务，并最终依存这一服务业得到了发展。

例如在八重山特饮街，伴随着朝鲜战争"特需"② 浪潮的兴起，陪酒女的人数增加至 300 余人，街道的总人数也发展到 1000 多人。与此同时，周边还形成了"威基基大道""中心大道 19 班"等新的红灯区。特别是在 1960 年代以后，随着越南战争的扩大化，嘉手纳基地的兵力进一步增加，胡差市的街道盛况空前。"A 级③酒吧为了赚取士兵手中的钞票也是绞尽脑汁，劝酒、卖春、走秀、摇滚乐队表演，应有尽有。"④

伴随这一热潮，连过去最多在公民馆秀一下电吉他的业余摇滚乐队也受到了越来越多的关注，到了 1970 年代，"紫""Condition Green"等著名摇滚乐队开始活跃于舞台之上。这些乐队的成员并非仅限于冲绳

---

① 特饮，即"特殊饮食店"，指红灯区或花街的饮食店，伴随有性服务等。
② 特需在这里专指美国因为战争而对日本产生的物资等特殊需要，朝鲜战争给日本带来了特需景气，带动了日本经济的恢复。
③ A 级指冲绳回归日本前，美军对冲绳饮食店、风俗店认可的许可证，A 即"Approved"（正式认可）之意。
④ 冲绳国际大学文学部社会学科石原ゼミナール编『戦後ゴサにおける民衆生活と音楽文化』榕樹書林、1994 年。

当地人，而是云集了北到奄美、宫古，南到菲律宾的各路人马，他们为了追逐基地释放出的美元财富而来到胡差这个城市。其中尤以菲律宾的乐队对冲绳摇滚乐的形成贡献最大，当地甚至有人靠模仿这些会所专属的乐队而走上摇滚歌手的道路。平井玄指出，当时冲绳的摇滚歌手们"几乎意识不到他们是大和民族的一员"。[①] 他们表演的对象毫无疑问是基地的美军士兵，所以与日本本土的音乐风格完全不同，而是跟随美国国内的潮流而变化。

二　从基地街到潮流街

美军占领下的银座、 六本木和原宿

1940 年代末，美军作为占领者，其压倒性的存在感刻印在了日本民众的日常生活中。尽管诸多战后文化是在与美军的直接互动中形成，但战后文化却又要否定这一事实，并在此基础上编织出一套切断记忆的修辞。也就是说，日本在占领结束后不久就开始了忘却这段与占领者直接勾连的记忆。受此操作的影响，美国的暴力性色彩逐渐褪去，日本民众反而以另一种扭曲的形式热切地拥抱美国的消费主义。这一看似悖论

---

① 平井玄「コザの長い影」DeMusik Inter. 編『音の力　沖縄　コザ沸騰編』インパクト出版会、1998 年。

的翻转至少表明在战后日本的本土,其看待美国的视角与同时期冲绳、韩国、中国台湾地区、菲律宾等地开始产生了差异。对于日本人来说,如今的美国已经不再是依靠暴力手段来威慑别人的他者,而是作为能够满足自我消费需求和欲望的他者而存在。

透过都市空间消费方式的变化,可以简单明了地了解这段曲折的历史。在战后日本的都市中,诸如胡差、佐世保、福生、横须贺等地的街道与美军基地有着直接接触。而东京的六本木、原宿、银座等街道与占领军则有着密切的联系。就前者而言,美军基地与周边年轻人文化之间的关系显而易见。但是后者诸如银座、六本木、原宿等街道的风俗与文化却未必会让人将其跟美军基地联系在一起。但是,如果不把这些街道曾经存在的美军设施纳入视野,恐怕也很难理解为何这些街道会成为时尚潮流的前沿之地,同时也无法充分理解它们为何会受到年轻人的青睐。

例如,在战前,以1878年"竹桥事件"①为契机,原位于皇居前、丸之内的兵营、师团搬迁至麻布、六本木地区,其后,陆军步兵第一连队、第三连队、宪兵队本部、近卫步兵连队、陆军大学等也相继搬迁至此,六本木发展成为名副其实的"军人街"(军都)。这里街道上本来军队相关的店铺就比较多,早晚都能听到兵营的喇叭声。进入战争末期,受东京大空袭的影响,这一带遭到毁灭性的打击。战后,这些旧日本军

---

① 竹桥事件是指1878年8月23日,驻扎在竹桥附近的日本陆军近卫军部队发起的一次武装叛乱事件,一般认为事件起因是这些参加过"西南战争"的士兵对其待遇不满。

的设施被美军接收，其中近卫步兵连队的设施被作为美国陆军第一师团司令部（现改为 TBS 电视台）、陆军连队的设施被作为哈迪兵营（Hardy Barracks）使用（其中部分设施保存至今，其他后来一度供东京大学生产技术研究所等机构使用，现在改建为新国立美术馆等场馆）。

从六本木到广尾一带的大量住宅被美军相关人士所接收，将校的住宅周边也形成了美军士兵情妇集中的住宅区。由于大多数美军设施直到1960 年代仍未返还日本，所以 1950 年代的六本木还留有浓厚的美军痕迹。与此同时，以美军为服务对象的夜总会、酒吧和餐厅等鳞次栉比，这些地方虽位于东京都市中心，却保留了与福生、横须贺、胡差等地近似的街道氛围。从 1950 年代到 1960 年代，一群被称为"六本木族"的年轻人汇聚于此。后来，电视台人员、娱乐圈名人陆续光临，酒吧与会所也改头换面，从而形成了走在潮流前沿且具有国际风尚的不夜城。

原宿之所以能在战后发展成为受到年轻人追捧的街道，同样不能忽视美军大规模设施华盛顿高地曾在其中所扮演的角色。这片临近明治神宫的广阔地带最初是代代木练兵场，美军接收后将其命名为"华盛顿高地"。空袭后的狼藉、兵营和黑市如海市蜃楼般迅速切换成了下级士官家属专用的住宅区、医院、学校、消防署、教会、百货店、剧场、网球场、高尔夫球场等场所一切应有尽有的模式。"物质极大丰富的美国"席卷这片土地。高地设施占地面积达 277000 坪①，如此大面

---

① 坪：日本丈量房屋等建筑面积的传统计量单位，1 坪约合 3.3 平方米。

积的设施完全取代了明治神宫和其曾作为练兵场街道时的存在感。
（图 3 - 1）

图 3 - 1　华盛顿高地全景
（米太平洋総司令部技術本部設計課設計 DESIGN　BRANCH，
JAPANESE STAFF・商工省工芸指導所編『デペンデント　ハウス』
技術資料刊行、1948 年）

进入 1950 年代以后，Kiddy Land（1950 年）、Oriental Bazaar
（1954 年）等以将校家族为消费对象的商店陆续在原宿开张，之后中央
公寓（Central Apartment）作为能够代表原宿街道氛围的象征性建筑于
1958 年开建。小林信彦回忆 1960 年代初期在此居住的经历时指出，
"在大厦（マンション、mansion）这个日式英语普及之前，中央公寓一
直都是东京最豪华的居住设施"。公寓的住户多为"贸易商、美军关
系户，对于普通日本人而言，这些都是高高在上、遥不可及的高端

人士"。①

当然，占领期间东京市区美军设施最集中的还是从日比谷到银座、霞关一带。特别是银座，"其主要建筑都被进驻军当作军事设施接收，如阪急大厦、和光、黑泽大厦、松屋等成为军用商店、酒馆和宿舍，星条旗随处可见，乍看给人一种恍如在美国街道的印象。银座松屋的军用商店是美国陆军、空军、海军、海军陆战队以及其他联合国军队的官兵们时常光顾的场所，入口则聚集着一群战争遗孤，他们或摆摊卖一些小物品，或做起擦鞋匠来招揽生意"。②（图 3-2）

图 3-2 占领期的银座四丁目，被接收后成为军用商店的服部钟表店前（福岛铸郎编 『G. H. Q. 東京占領地図』雄松堂出版、1987年）

银座早在战前就深受美式风俗的影响，但是占领让银座的"美国化"更加直接，甚至可以说是"美租界化"。当时银座一带街道名称如"新百老汇路"（New Broadway）、"X 大街"（X Avenue）、"使馆街"（Embassy Street）、"圣彼得大街"（St. Peters Avenue）、"扑克街"（Poker Street）、"霍德普大街"（Holdup Avenue）等，已经到处洋溢着

① 小林信彦『私説東京繁昌記』中央公論社、1984 年。
② 原田弘『MP のジープから見た占領下の東京』草思社、1994 年。

图 3-3 租界化的银座一带以及街道
名称（出处同图 3-2）

殖民地的风情。以美式名称给街道命名的现象不仅发生在银座，当时东京的主要街道均被占领军当局重新命名，以皇居为中心呈放射状的道路被称为"大街"（Avenue），环状连接的道路则被叫作"街"（Street）。"大街"按照字母表的顺序从 A 到 Z 命名，而"街"则有 60 余条被重新命名。（图 3-3）

六本木、麻布的"占领"记忆

在此过程中值得注意的是，当这些美军设施集中的区域在战后发展为年轻人文化的象征性舞台之时，是附带着某种记忆的断裂的。那么，就六本木而言，1950 年代以后，当人们说到这条街道时，其有关"占领"的记忆是如何呈现，又是如何被忘却的呢？

首先需要确认的一点是，"六本木"这一称谓在 1950 年代以前可不是一般的地名。从六本木到麻布、广尾一带在战前是作为麻布区的一部分独立存在的。麻布区在 1947 年与港区合并，合并后旧麻布区的街道仍然以"麻布某某町"命名（直到现在仍然保有诸如麻布十番、麻布永坂町、麻布狸穴町等名称）。所以今天被我们称为"六本木"的地方，在 1950 年代之前则被称为"麻布箪笥町""麻布兵卫町""麻布今井町""麻布谷町"等,这一地区更多地被认为是"麻布"。当然"六本木"这一名称也不是无中生有,以现在的六本木十字路口附近为中心,曾经存在过与上述"箪笥町""今井町"同规模的、被称为"麻布六本木町"的街区。

那么,这个位于"麻布"的区域是从何时开始不再属于"麻布",而被称为"六本木"的呢?检索新闻报道可以发现,直到 1950 年代末,"六本木"这一名称出现的次数近乎为零,今天被视为六本木一带的地方在当时被通称为"麻布"。"六本木"出现在媒体视野始于 1961 到 1962 年间,以《朝日新闻》为例,相关报道如"黑帮群架 20 人被捕,争夺六本木地盘""赤坂六本木,探寻'东京租界'""涉嫌违反《风俗营业法》,警方深夜突袭六本木""彻底检举,将违法视若平常的六本木"等报道开始突然增加。地铁日比谷线六本木车站开始运营是在 1964 年,麻布三河台町、麻布龙土町、麻布今井町等地更名为"六本木"是在 1967 年,但实际上早在几年前"六本木"就已经开始侵蚀"麻布"了。而且,这一时期说起"六本木",还往往跟"风俗业""黑社会""租界"等负面报道相联系。要言之,进入 1960 年代以后,"麻布即文教、住宅区;六本木即夜生活街区"的格局划分开始逐渐形成。

广告歌曲的作词家野坂昭如自 1957 年起在狸穴町大概住了两年,关于六本木的变化,他以特有的文风说道:"旧连队司令部被接收后成为哈迪兵营，这让六本木成为都市中心唯一的美军基地，龙土町的尽头则是通信大队的兵营，说起进驻军，总给人一种恐怖的感觉，他们喜欢在周边游荡，我也时常在夜里凝视这个基地街道的风貌。这里有 20 余家酒吧、品相不佳的古董店、有中文店名的西装店，都特别醒目。供进驻军专用的夜总会则有青山一丁目附近的大都会（Cosmopolitan）和位于饭仓的黄金门（Golden Gate）。"

但是，"从 1956 年开始，酒吧和夜总会不再专门以美军士兵为服务对象，开始接待本国客人……1957 年春，大都会夜总会率先推出存酒制度，并改名为'基俱乐部'（Key Club）；黄金门夜总会更名为'88夜总会'，开始做横滨根岸屋风格的寿司、拉面、牛排、味噌汤等和洋交错的菜品，陪酒女也是新人老手混杂一堂"。随着这些占领军专属的夜总会和酒吧逐渐开放，最初是爵士乐爱好者，继而是电视台人员以及纨绔子弟，成为这一带的常客。与此同时，"银座一带泛滥的同性恋酒吧相继倒闭之后，纷纷将场所搬迁到六本木一带。特别是 1959 年，自 TBS 电视台之后，NET、富士电视台相继落户六本木，距离这些设施均在几分钟车程以内，电视台制作人、明星艺人亦汇聚于此"。[1] 野坂本人当时也在从事电视广告以及音乐节目的工作，也算是彼时六本木一带相关业界的当事人。

1960 年前后的六本木，在忘却其作为美军占领地记忆的同时，逐

---

① 野坂昭如「六本木、消えた坂道」『文藝春秋』1976 年 7 月号。

渐变换了自身的商品价值，客源也从占领军士兵转移到电视台相关人员。这一过程具有双重含义。一方面，当时的六本木仍然呈现出与美军具有关联性的一面，特别是 1960 年代末，作为"美军士兵的街区"，"从越南战场返回的美军士兵们即使牺牲休息日的睡眠也要在六本木吃喝消遣"。[①] 另一方面，深受年轻人追捧的媒体流行元素开始覆盖这座占领军的街区。日比谷线开通后加速了六本木的大众化，1970 年代开始的迪斯科热潮在这一带风靡。即便如此，"只要横须贺的美军船只到来，黄昏的迪斯科便是美军的天下"，学生时代居住在麻布十番，在六本木玩耍长大的大泽在昌如是说。[②]

罗伯特·惠廷（Robert Whiting）在《暗夜东京》一书中讲述了主人公尼古拉·扎维蒂（Nicolas Zapetti）在六本木经营意大利餐厅的故事。作为占领军士官来日的意大利裔移民，扎维蒂倒卖过军用物资，做过职业摔跤手，还做过珠宝强盗，终于在 1950 年代中期以后洗心革面，在六本木开了一家正宗的美式意大利餐厅。在酒吧、夜店、艺伎馆云集的六本木，平价但有档次的餐厅算是稀缺物，所以扎维蒂的餐厅大受好评，经常有基地军官、记者、外交官光顾。该餐厅经由美军《星条旗报》（*Stars and Stripes*）和日本媒体介绍后，扎维蒂的事业开始飞黄腾达，迅速扩张。该餐厅一跃成为该地区黑社会、职业摔跤手聚集的场所，尔后来日的好莱坞巨星与艺人，甚至日本的商旅人士也频频光

---

① 『週刊言論』1968 年 4 月 3 日号。
② 大沢在昌『かくカク遊ブ、書く遊ぶ』小学館文庫、1998 年。

顾。① 扎维蒂从事业成功到后来逐渐凋零的过程，也折射出美军给六本木带来的光与影。

原宿， 从基地到电台

整体而言，原宿的经历与六本木相似。占领军对六本木的影响典型可见诸各种酒吧、会所以及以美军士兵为服务对象的女人，后来又为电视台相关人士以及艺人所代替。而占领军对原宿的影响，至少从表面上来看则是以时尚、涂鸦、设计等领域为主流。驻留在六本木哈迪兵营的以普通美军士兵为主，而住在原宿华盛顿高地的则以军官及其家属为主，高地内部各种生活设施俱全，或许这是导致两地出现差异的背景。但是，同样以 1960 年代中期为转折点，原宿也开始了"去基地化"的进程，接着通过与媒体业的密切关系开始重构自身的形象。从这点来看二者具有共通性。

上述小林信彦回想中提到的中央公寓，是原宿从"占领军街道"转型为"时尚街道"的象征。中央公寓位于表参道与明治大道的交叉口，华盛顿高地对面，始建于 1958 年，是一栋地上七层、地下一层的高级租赁式公寓大厦。最初该公寓属于以美军为对象的贸易商以及外交使节团的"租界"，高地返还后随着美军需求的减少，设计师、插画师、摄影师陆续在此成立工作室，杂志社的编辑部亦入驻于此，因此中央公寓

---

① ロバート・ホワイティング『東京アンダーワールド』松井みどり訳、角川書店、2000 年。

成为日本流行文化草创期的据点。与大型广告代理公司云集的银座以及作为地下文化据点的新宿不同，原宿以其"异国风情、静谧悠闲"的格调而获得大量创作者的青睐。[1] 如果说改变六本木原貌的媒介是演艺圈和音乐圈人士，那么改变原宿原貌的媒介则可以说是以广告业界为中心的人士。

同一时期，如果把视线转到电视演艺圈会发现，音乐的世界也在悄然发生改变。随着乐手们陆续离开基地，音乐越来越多地开始通过电视节目的方式传达给观众。随着 1950 年代后半期美军从日本本土撤离，过去靠基地吃饭的乐手们被迫离开基地。即使水平不怎么样仍然能从美军那里赚到钱的时代一去不复返，有点水平的音乐家开始放弃在基地的工作。

刚好在这一时期，取代占领军而"占领"民众日常生活的电视机出现了。"渡边制作"和"堀制作"等一部分此前在基地从事演艺中介业务的公司开始和电视业界合作，同时伴随着唱片业的发展，他们将战后日本的歌坛水平推向新高度。尤其重要的是，在那个没有歌曲合成器和卡拉 OK 的时代，歌曲节目对伴奏乐队和录音室的需求给这些离开基地的人提供了稳定的职位。由此，"那些曾经在占领军夜总会驻唱的歌手们通过灌制唱片出道，普通日本人也能够聆听他们的歌声了"。几年前在基地这一密闭空间中形成的占领者和表演者的关系，如今通过电视、

---

[1] 君塚太『原宿セントラルアパートを歩く』河出書房新社、2004 年。

唱片、广播等媒介迅速涌入战后日本人的日常生活空间。

三 基地里的美国、沙滩上的美国

首都周边美军接收地的分布

在占领期间，首都周边一带美军的各类设施是如何分布的呢？这一时期，仅首都圈就有接近 15 万名美军官兵，基地数量超过 60 处，各处均有级别不等的慰安设施。阅读 1948 年 GHQ 发行的《GHQ 东京占领地图》（City Map of Central Tokyo）可以大致掌握当时美军设施的分布情况。GHQ 的主要设施集中于从日比谷到霞关一带。日比谷大道沿线的高层建筑被美军悉数接收，从皇居前广场、日比谷公园到银座大道一带成为名副其实的美军租界。周边如筑地明石町、神谷町以及六本木一带也有相关设施分布，滨松町则有仓库和军用商店。

此外，美军居住设施分布在原宿的华盛顿高地、六本木以及麻布地区，还有位于练马的格兰特高地等，其他如麻布、广尾、白金、山王、田园调布、洗足等地也有数量不等的用地被征收作为其居住设施使用。可以明确的一点是，美军设施在东京全域并非平均分布，而且主要集中在银座、日比谷一带，然后向六本木、广尾、原宿、代代木推进，向城南方向倾斜。美军住宅大致与东京高级住宅区的分布重叠。东京的高级住宅区自战前开始就在西北部较少，而多分布于从港区到大田区一带。①

美军的接收地之所以集中于从都心到城南一带，原因之一是这一带的房屋在战火中受损较少，同时也是因为这一带的西式建筑较多。例如，在田园调布，仅该地区内就有 50 多户住宅被占领军征收，最大的原因是这些住宅多是适合美国人使用的西式住宅。②

与此同时，还有另外一个理由值得注意，那就是这些地区位于 GHQ 司令部所在地日比谷和美军最大据点横滨、横须贺地区的中间位置。美军通过 1 号国道和横须贺线将横滨、横须贺与东京都心相连接，利用 246 号国道将厚木与东京都心相连接。从占领军的视角来看，从横须贺到厚木、座间、立川、约翰逊等主要基地群均分布在 16 号国道沿线一带呈扇形辐射的广大区域，而 16 号国道又与东京的城市中心相连。所以 GHQ 从战略的角度考虑，将多数的基地、住宅、司令部、仓库等设施配置在这一带。进入经济高速增长期以后，这一呈扇形辐射的地区率先成为众多工薪家庭的郊外住宅用地。可以说，将战后新日本"富足生活方式"付诸实践的这一地区与美军基地的辐射范围基本上重合。

作为基地县的神奈川和湘南海岸

在这些被征收住宅地区的前方正是美军在日本本土最大的神奈川县基地群。从占领期开始到 1960 年代，横滨市内有多处仓库地区和美军

---

① 福島鋳郎編『G. H. Q. 東京占領地図』雄松堂出版、1987 年。
② 江波戸昭他『郷土誌　田園調布』田園調布会、2000 年。

住宅区,其周边有横须贺海军基地、厚木机场、美军远东司令部所在地座间基地,神奈川一直是日本本土最大的基地县。在 1950 年代,除去冲绳,日本本土当中约有三分之一的美军基地设施集中于神奈川县,这一状态一直持续到 1960 年代末。1960 年代末,神奈川县内有基地 45处,面积约 2657.8 公顷,远超排在其后的东京、福冈、长崎、北海道、青森等其他行政区域的基地面积。

在神奈川的基地中,既有位于市中心的基地,也有纵贯横滨、横须贺以及三浦半岛湘南海岸一带的基地设施。基地的存在让美军与地方生活和大众文化产生了紧密的联系。从逗子、叶山到藤泽、茅崎的湘南海岸一带基地设施最为集中。其中,叶山有麦吉尔营地(Camp McGill)、茅崎有茅崎营地(Camp Chigasaki),从藤泽到茅崎的海岸线一带则被称为茅崎海滩(Chigasaki Beach),这片广阔的海滩被用来作为美军的炮击实弹演习场。(图 3-4)

图 3-4　美军在茅崎海岸的首次演习
(1946 年 10 月 17 日,アメリカ合衆国国立公文書館蔵、『茅ヶ崎
市史　現代 2　茅ヶ崎のアメリカ軍』茅ヶ崎市、1995 年)

据栗田尚弥所述，位于海滩东面的辻堂海岸被作为登陆演习的场地，西茅崎一带则被作为直接或间接的设施演习之地来使用。除此之外，该地区还"经常开展爆破训练、航空机轰炸演习、伞兵部队降落演习等各种演习，还伴有火药、弹药处理等项目"。而且，"从小队、中队进行的小规模，到师团、军团等大规模演习，无所不包"。①

每次在茅崎海滩进行军事演习时，日本各基地的士兵总会集结于此，这同时也导致美军士兵的暴行和不法行为层出不穷，以美军士兵为对象的卖春活动发展成为该地区严重的社会问题。在战败后不久的藤泽，为响应日本政府设立 RAA 设施的号召，市政当局协助特殊饮食店业者申请了一块地，并将其作为美军专用的慰安设施。而后不久，市政当局就废除了当初自身推动的慰安设施，但多数从业人员却转移至红灯区的特饮店，并沦为站街女，该地的实际情况并未发生改变。这些以美军为服务对象的特饮店、站街女的存在成为长期困扰藤泽市的问题，1949 年，该市在住的一名家庭主妇在投递给神奈川军政部的陈情书中作如下描述：

> 藤泽市的会所里有 100 多名站街女，她们毫无教养的丑态令我们这些做母亲的尤其反感。我很想搬到其他地方居住，但是在住宅不足的当下，这恐怕也是不切实际的想法……该地有 6 家销售食品烟酒的商店，到凌晨两三点还公然销售主食和酒

---

① 栗田尚弥「茅ヶ崎とアメリカ軍（3）」『茅ヶ崎市史研究』24 号、2000 年。

类，醉酒者的喧嚣声此起彼伏。不仅如此，还有留声机总是以最大音量从清晨 6 点开到深夜 12 点以后。[1]

在茅崎市，"随着以美军为服务对象的娼妓出现，甚至大白天都能够目睹住宅附近松林里露骨的性行为，这些场景令带着孩子的母亲们惊恐不安、不知所措"。"甚至还有娼妓在演习场附近租房，可以想象这群人迁移的情形"，教育界人士、PTA[2]、妇女会将其视为严重的社会问题。1954 年，茅崎市议会为"取缔卖春等行为，维持公序良俗"通过了《风纪取缔条例》。但是，这类对策收效甚微，"埋伏在基地周围的娼妓们如影随形，茅崎、藤泽的社会风气等问题依然难以改善"。[3]

从横滨、横须贺到藤泽、茅崎、叶山乃至波及神奈川全境的美军基地，都与当地民众有各种各样的往来。栗田对曾经在茅崎基地做男仆的铃木贞司进行了采访，采访中，铃木就美军士兵与当地民众之间接触的场面回忆如下：

　　　　美军会在夏天举行露天的电影放映会，附近很多民众在通往柳岛路上的围栏外观看电影。士兵们喝着啤酒开始向女孩子搭讪，年轻的女孩子很难淡定地看电影。

---

① 栗田尚弥「占領軍と藤沢市民」『藤沢市史研究』26 号、1993 年。
② PTA，Parent-Teacher Association 的缩写，即家校联谊会或译为家长教师联合会，在日本比较常见的家校联系组织。
③ 栗田尚弥「茅ヶ崎とアメリカ軍（3）」。

当时，提到美国人总会给人以恐怖的印象。特别是女孩子、年轻人见到美国人会害怕地缩成一团。美国士兵也常会三番五次地来纠缠。酒品差的美国士兵真多啊，就这一点来看，他们真是相当散漫无礼。[1]

铃木指出，"一般人不能进入内场观看电影的，栅栏上扯了铁丝网，他们只能在铁丝网外面的道路上观看。士兵则是在里面坐着椅子观看，还有女友或女伴在一旁陪坐。栅栏里面是士兵、外面是平民，泾渭分明。如果是士兵的朋友则可以进内观看。影片是彩色的外国片。……我曾经看过两三次"。由此可知，这类活动在占领军基地经常举行，而当地民众也经常隔着围栏观看。美军基地正是以这样的方式在当地年轻人心中催生出新的欲望。

横须贺的性交易与爵士乐

随着美军基地的进驻，横须贺站街女的数量激增。根据庆应义塾大学社会事业研究会在 1953 年的统计，"横须贺站街女的出现与占领军的进驻同时发生，1948 年 3 月约有 1000 余人（推测）……到 1950 年夏天，随着朝鲜战争的爆发，站街女的数量迅速增加，发展为 2500 到 3000 余，虽然同年秋季强化了对站街女的取缔，但其数量仍然以惊人

[1] 栗田尚弥解説「キャンプ・チガサキの思い出——鈴木貞司氏に聞く」『茅ヶ崎市史研究』24 号、2000 年。

的速度增加至 4000 甚至 5000"。① 这些站街女租住的"闺房"遍布横须贺的大街。1950 年代初期，在横须贺市内以沟板道为中心，有 1300 多家这样的"闺房"。当时，横须贺市的经济严重依赖于基地和美军士兵，"站街女给城市经济带来的影响相当大，她们和驻留军士兵以及市内商店形成了密切的三角关系，当局整肃风纪的强度也会直接影响各大商店的销售业绩"。

横须贺的地方经济直到 1950 年代仍然依赖于基地，所以面对以美军为服务对象的站街女，民众也呈现出比较矛盾的态度。在上述庆应大学的报告中，横须贺市教育研究所曾就站街女的问题对该市儿童进行舆论调查，结果显示，23% 的小学生以及 31% 的中学生对站街女的评价"良好"，因为她们"可以乘坐小汽车""可以吃到口香糖和巧克力"，除了物质方面外，还有"可以说英文""和外国人走在一起"等其他理由。

例如，一位小学六年级的女同学回答："我看到潘潘女郎感觉特别好，为什么感觉好呢，因为她们可以穿漂亮衣服、新款鞋子，还可以挎皮包，打开皮包里面有好多现金。"另一位中学二年级的学生说："美国人和潘潘女郎说英文，如果我能说英文那该多好。"这反映了孩子们的真实感情，在当时的横须贺，孩子们中间甚至还流行潘潘女郎过家家的游戏。"男孩和女孩分别模仿士兵和潘潘女郎，他们结伴散步、跳舞甚

---

① 慶應義塾大学社会事業研究会『街娼と子どもたち——とくに基地横須賀市の現状分析』、慶應義塾大学社会事業研究会、1953 年。

至接吻。"① 当然，儿童中也不乏对站街女和卖春行为持否定性看法的人，但是毕竟有近三成不持否定态度，这也是事实。(图3-5)

图3-5　1950年代前后横须贺的沟板道夜景
(『横須賀市史』上卷、横須賀市、1998年)

藤原晃自1950年代开始就在横须贺沟板道经营酒吧，关于当时的情景，他留下了宝贵的口述记录。对其进行采访的是大月隆宽。藤原谈话的时代代入感很强，十分到位地描述了当地直到越南战争期间的情景。从藤原口中接二连三蹦出来的轶事，让我们看到了作为"美国占领地带"的热闹的沟板道。在这里也可以看到从其他基地流浪而来的女人们的人生、在战场和基地内外表情有着微妙不同的美军士兵，以及美军士兵与这些女人之间的讨价还价，这些都深深地嵌在了横须贺的这条街

---

① 慶應義塾大学社会事業研究会『街娼と子どもたち——とくに基地横須賀市の現状分析』。

道上。

大月在整理藤原的口述后表示，虽然无法完全凭借藤原的描述来再现横须贺"基地"的形象，但藤原的口述也具有重要的意义。"坐在藤原先生的面前，听他有关横须贺的回忆，虽然现场不再有笠置静子①的歌声，她的歌声却似在记忆的角落回荡，这种不可思议的氛围，让从没有'基地'记忆的我也与基地产生了联系。"②

与此同时，横须贺也确立了其在战后日本爵士乐界的中心地位。在这块土地上，多家会所整日演奏爵士乐，秋吉敏子、疯狂猫（The Crazy Cats）组合等明星辈出。这一时期担任横须贺爵士乐手的太田稔回忆道："全盛时期的横须贺爵士乐演出场所究竟有多少？以我不太准确的记忆列举，就有这么多活跃在这条狭窄的街道上，而如今却只有怀念的份儿了。"太田所列举的会所有 Grand Palace、Grand Shima、Trade Wind、Eagle、Club Ichiban、Club Yokosuka、White Heart、Club King、Grand Lucky、Club Fuji、Grand Cherry、Club Diamond、Club 初音、Club 红兰、Club Panama 等，此外，"还有很多不记得名称"的会所。③

对美式海滩的向往

到了 1950 年代后半期，美军基地和美军士兵的形象逐渐淡出民众

---

① 笠置静子（1914—1985），日本著名歌手，战后有多首歌曲风靡日本。
② 藤原晃『ヨコスカどぶ板物語』現代書館、1991 年。
③ 太田稔『ヨコスカ・ジャズ物語』神奈川新聞社、2003 年。

日常的视线，美军基地开始被视为仅限于"一部分地区"的问题。受此影响，在湘南一带，人们意识中的"美国"被净化为一种单一的形象。例如，1957 年 5 月 11 日，《朝日新闻》一篇报道指出，如今湘南海岸的沙滩开始发展为"东方迈阿密"。据报道，在上述茅崎海滩东面的片濑海岸，已经建成了"拥有可以欣赏海岸风景的兜风路线、现代化的海滩别墅以及宽阔的停车场"的西式新潮海滨浴场。神奈川县在这里建设"海洋乐园、海滩别墅、疗养中心"等，接下来则开始引进外资酒店，湘南海滩俨然成为可以匹敌迈阿密海滩的地方了。

进入 1950 年代后半期，这种美式的湘南形象受到《太阳的季节》（『太陽の季節』，1956）、《疯狂的果实》（『狂った果実』，1956）等影片的影响而趋向大众化，并塑造了今日湘南海岸的面貌。当然，湘南海岸之所以能发展成为西式新潮的海滨浴场，其背后也有从基地到此处游玩的美军士兵的功劳。例如，湘南海岸后来能成为年轻人冲浪打卡的"圣地"，就有赖于从附近基地来此冲浪的士兵为此做出的重要贡献。和冲绳、关岛、迈阿密等一样，湘南海岸的风景也是在基地与度假区的相互依存中不断聚集起游客，因此也具备美式海滩特色属性。以这一全球化的美军基地文化为背景，湘南造就了石原裕次郎的超强人气，本色出演湘南男孩的加山雄三也成为了明星，同时还孕育出了日后风靡全国的南方之星①的音乐。

---

① 南方之星（Southern All Stars），日本国民乐团，其主唱桑田佳祐出生于神奈川茅崎市。

1950 年代兴起的"太阳族"热潮以及裕次郎的人气，其实是通过不断强调裕次郎肉体的"外国人特性"而打造出的。石原慎太郎①在后来的自传式作品《弟》（『弟』，1996）中指出，他们兄弟在谈及湘南的生活时，总是热心地讨论从父亲那里获得的游艇，这个话题只是用于展示盲目的兄弟情谊，并没有触及他们战后真实生活过的逗子以及湘南海岸的情况。即便如此，在《太阳的季节》和《疯狂的果实》以及同时期的"太阳族"电影中，往往也会不自觉地刻画湘南海岸一带蠢蠢欲动的欲望政治学。

正如迈克尔·雷恩（Michael Raine）所指出的那样，电影《太阳的季节》前半部分有从英文会话学校归来的泳装女孩出现的场景，她们语速快且夹杂着日英双语，每个人都有英文昵称，言谈举止犹如"外国人"一般。②《疯狂的果实》里面北原三枝所扮演的女主人公被设定为美军军官的情妇，而裕次郎则从占领军手中抢走了这个女人。这样的情节设定恰如其分地反映了湘南就是美军的土地这一事实，也展现出这些昂首阔步的女人背后的美国。

石原裕次郎之所以能够获得如此特殊的地位，得益于他身体外表的"外国人特性"——他区别于日本人的大长腿、精致的五官以及西式的言谈举止等都起到了很大作用。也就是说，裕次郎将体现了湘南被殖民

① 石原慎太郎（1932—2022），日本作家、政治家，《太阳的季节》《疯狂的果实》是其小说，前述石原裕次郎是他的弟弟。
② Dennis Washnurn, Carole Cavanaugh（ed.），*Word and Image in Japanese Cinema*，Cambridge University Press，2001.

性的自我以及作为占领者"美国"之分身的自我，透过暴力、性、肉体等镜像体现了出来。而且巧合的是，1950年代在"日活"① 活跃的明星们，比如被认为是裕次郎翻版的赤木圭一郎，也出生在片濑海岸附近比较富裕的家庭。无论是裕次郎还是赤木圭一郎，通过这些年轻人，"日本中的美国"所体现出的文化力学得以结构化。就这样，进入1960年代以后，湘南之所以受到追捧，恰恰是因为它以1950年代的基地和文化消费的关系为隐形后盾。

四 1950年代日本的 "反基地" 与 "基地依存"

"美国" 的分裂

在基地的"美国风情"不断渗透的1950年代，同时伴随着激烈的反基地斗争。1953年，石川县内滩村率先掀起了反对美军炮弹试射场无限期使用的斗争。为呼应这一反基地斗争，东京都也掀起了反对世田谷基地的斗争，这是东京都内首次发生反基地游行示威。同一时期，在妙义山、浅间山、北富士等地相继发生反对基地扩建的斗争，其中尤以1955年反对立川基地扩建的砂川町民众所掀起的"砂川斗争"声势最

---

① 全称为日本活动写真株式会社，为今日本五大电影公司之一。

为浩大。次年 10 月，针对美军的"强制测量"行为，当地农民、工会成员以及学生与警察队发生冲突，导致多名人员受伤。在同一时期的冲绳，美军对当地女性的性暴力、杀人以及无视民意的占领方针，导致民众怒火中烧，引发了"全岛斗争"。

这些 1950 年代中期在日本列岛各地掀起的大规模反基地运动受到了海外媒体的广泛关注。在冷战激烈对抗的时代，美军寄希望于构筑起对抗苏联和中国的牢固屏障，而日本国内的这些行为则被认为是对美国部署其世界战略的重大威胁。

但同时我们也应该关注到美军基地从 1950 年末开始在日本本土不断减少的事实。在中南半岛局势不断恶化的当时，美军对冲绳军事基地的依赖日趋显著，美国在日本本土基地的重要性则开始弱化。1950 年代中期以前，美军军事设施遍布日本本土，成为日本民众随处可见的风景。但是，自 1950 年代后半期到 1960 年代，本土的美军基地逐渐减少，到 1968 年只剩下 7 处飞机场、16 处演习场、9 处港湾设施、4 处兵营以及 17 处住宅设施。兵员数量从 1952 年的 26 万人减少至 1955 年的 15 万人，到 1957 年时为 7.7 万人，而进入 1960 年，这一数字变成 4.6 万人。在此过程中，驻日美军中的陆军比重开始降低，海空军成为主力。到 1960 年代末，虽然各地还保留有美军基地，但军事设施已经不再随处可见，美军士兵也不是日本人日常生活中随便就能接触到的了。"基地文化"被限定在几处主要设施，而且被封锁在铁丝网的里面。

日本本土美军基地面积的缩小，在一定程度上也是反基地斗争的成果。在砂川，立川基地扩建计划的中止就是当地居民激烈抗争的结果。当然，这也跟1950年代后半期美国调整在日本本土的基地部署有关，本土的基地被限定于主要的几处，过去以"占领"为基础的基地体制以隐蔽的方式得以重组。结果在日本本土，"两个美国"开始呈现明显的分裂：一个是在美军基地和慰安设施中形成，但后来其暴力色彩逐渐退入幕后，转而以商品和媒体为媒介被消费的"美国"；另一个则是作为暴力继续渗透进民众的日常生活，并且作为民众反基地斗争对象的"美国"。其实这是同一个"美国"的不同侧面。但是，以日本开始迈向经济高速增长期的1950年代后半期为界，六本木、原宿的"美国"与福生、横须贺的"美国"之间的断层开始扩大。对此，认为两者渊源本就不同的认识在民众中间开始形成。前者似乎从一开始就止步于文化消费的层面，而后者则因基地公害、性暴力、毒品药物等问题而持续受到关注。

反对美军基地的农民们

我们应该如何认识"美国"在1950年代的日本所呈现出的分裂形象呢？例如，在日本本土，1950年代最激烈的反基地斗争的舞台首推反对立川基地扩建的砂川。另一方面，在横田基地周边，福生的街市得益于基地而繁荣了起来。但这两个地理上相邻的基地的对比并非表面那么简单，而立川与福生的差异也不能光用1950年代日本对美意识的两极化这单一原因来解释。

1950 年代初期，在日本本土基地周边的街市中，最热闹的非立川莫属。在立川，"为基地工作的 2 万多名劳动者不仅来自周边的农村，同时还包括从山梨县过来的农民，另外还有近 2500 名潘潘女郎遍布街区。酒店、咖啡厅、啤酒屋、特饮店、商人、建筑业者，以至于整个城市在经济上严重依存于基地……士兵的暴行、组织性犯罪团体以及不良行为的泛滥，外加日本警察的不作为、市政当局的买办化，让立川这座城市给人以宛如美国西部城市的观感"。[①] 福生也步上了立川的后尘，仅官方资料所统计的卖春妇女数量，1953 年立川有约 1200 人，福生则有 500 余人。[②]

所以，1950 年代所谓"反对基地"与"依存基地"的对立，并不是发生在"立川"和"横田"之间。倒不如说，即便都在基地周边，比如立川基地附近的立川车站和砂川地区，二者与基地的关系也是截然不同的。恕我直言，这种对立其实是都市和农村的对立，更准确地说是"因基地存在而都市化的区域"和"与基地接壤的农村区域"之间的对立。

1950 年代后半期，砂川町反基地斗争越发激烈的根源在于该地区的农村性。砂川町是位于立川基地北部的小镇，东西约 9000 米、南北约 4000 米，1950 年代是独立于立川市的自治体。砂川村（最初是一个村）的开拓最早可追溯到江户时代初期，到昭和初期，人口达到 7000

---

① 基地問題調査委員会編『軍事基地の実態と分析』。
② 『福生市史』下巻、1994 年。

余。也就是说，砂川并非战后新开发的土地，而是东京近郊已经有比较悠久历史的农村。立川基地在该区域的扩建计划出台是在 1955 年。后来参与反对同盟、支持反基地斗争的宫冈政雄说："大家接到该通知后感觉非常突然，实际上可谓大吃一惊。因为我们生于此、长于斯 40 年，除了这块土地之外完全不知道外面的土地长什么样子。而且，农民这种职业，必须依存于土地才能生产和生活。"扩建基地"从根本上剥夺了我们生活的基础，意味着我们必须要离开这块土地"。① 支撑反基地斗争的力量源泉来自农民们对继承自祖先的土地的眷恋。

砂川斗争始于被征用土地的农民所发起的抗争，后来町议会通过反对扩建基地的决议后，发展成为整个砂川的反抗运动。反对扩建基地的决议陆续得到田无、小金井、久留米、清濑等町的响应，最终迫使东京都议会向政府提出意见书。但是，立川、村山、昭岛、福生等直接与基地接壤的地区则没有通过反对决议。也就是说，在当时的多摩地区，对被基地侵蚀抱有危机感的农村与经济上依存于基地的区域之间，对待基地的立场差异日趋鲜明。之后，砂川农民内部也出现了有条件与政府合作的"条件派"，这让内部的对立更加激化。"'反对派'不再去'条件派'经营的商店购物，如果邻居是'条件派'，'反对派'日常也不再打招呼问候，甚至还发生了亲戚之间断绝亲交等严重事态。"② 在这种分裂的状况下，反对派因获得了当时砂川町长和町议会的支持而扩大了声

---

① 宫冈政雄『砂川闘争の記録』三一書房、1970 年。
② 宫冈政雄『砂川闘争の記録』。

势，并且在 1956 年与防暴警察发生了激烈的肢体冲突。

砂川之所以能够进行如此激烈的抗争，与当时全国范围高涨的反基地浪潮有密切关系。朝鲜战争爆发以后，美军基地的扩张变本加厉，这导致农民的反抗运动表面化，并且向着全国范围内农民与劳动者联合的组织化方向发展。在此背景下，砂川斗争的白热化使得砂川成为全国反基地斗争的象征性舞台。实际上阅读当时砂川的斗争记录可以发现，1950年代后期有从全国各地奔赴砂川的支援团体。砂川斗争满足了"在当时基地如网眼般建设的状况下，作为鼓舞全体农民抗争之据点的条件"。①

地方史中的美军基地

我们该如何看待 1950 年代发生在砂川的事件呢？不能仅仅从全国规模的潮流，还要从多摩地区这一地方史的脉络来对其进行重新理解。砂川是最早可以追溯到江户时代的农村地区，明治时期因养蚕、种桑、种茶而兴旺。明治初期砂川村的村民结构是农业 561 户、手工业 9 户、商业 15 户，这一规模其实已经具备了发展批发和家庭作坊的基本要素。到明治初期，村里的小学就有 3 所，可见该地在当时还是较为富裕的。与之相对的是立川村，该村直到 1884 年才成为独立的自然村，只有一所小学，成员结构完全是农民，所以是一个小村庄。② 从农村形成的历史来看，砂川明显比立川更有资本和底蕴。

---

① 基地問題調查委員会编『軍事基地の実態と分析』。
② 『立川市史』1969 年。

砂川与立川的关系发生逆转是 1922 年之后。由于飞机在第一次世界大战中开始扮演重要角色，日本陆军于该年在立川设置航空大队，6 月将位于岐阜县各务原的航空第五大队搬迁至此。尔后，立川村与陆军航空部队相关人员往来激增，开始向着"军都"的方向发展。实际上，立川成为军事据点之后，以立川为接点的交通网络开始快速铺开。1930 年，连接立川和川崎的南武铁道以及连接立川与五日市的五日市铁道相继开通。与此同时，立川周边的军需工厂相继落成，工厂务工人员的数量快速增加。

1916 年，立川的人口只有 3400 余，但 10 年后这一数量增加至约 8500，增加到原来的约 2.5 倍。伴随着日本一步步逼近战争，该地人口增加的趋势更加明显。在 1930 年代的立川，立川飞机、立川工作所、日本航空机、东亚重工业等大小军需产业鳞次栉比。当初甚至有以立川为中心，将周边的谷保、大和、国分寺、砂川、村山等地合并成"大军都"的计划。

战后，虽然主角从日本陆军变成了美军，但是以立川为中心的军都风采依旧。特别是在多摩一带，战前就有村落开始模仿立川作为军都的发展模式，其中，福生是最热心模仿立川模式的村落。1940 年，多摩机场作为立川机场的附属设施建成运营，福生开始与立川一样向着基地街的方向发展，这才有了战后以美军为客源的店铺林立于街市中心的景象。

新井智一对战后福生的发展有专门研究，重点分析了福生站东口娱乐街、军属区、基地前商店街这三个地区间"场域的政治"。[1] 新井在

---

① 新井智一「東京都福生市における在日米軍横田基地をめぐる「場所の政治」」『地学雑誌』114 巻 5 号、2005 年。

文章中指出，战后的福生自朝鲜战争爆发后开始聚集大量卖春妇，当局建了很多被当地民众称为"置屋"的房子出租给她们，由此形成了所谓的"卖春区域"，因为风纪混乱被横田基地司令官划定为禁入区（off-limits），不久后该地发展成为红灯区。此外，美军利用福生的丘陵地形，在海拔较高的地方建起了美军家属专用的住宅。这些住宅区成为"富裕美国"的象征之地，后来发展为受到年轻人憧憬的潮流前沿阵地。进入1970年代，越南战争结束，基地的美军士兵减少，住宅区出现了不少空房，敏感地捕捉到流行元素的日本年轻人开始集聚于此。与横田基地相接壤的16号国道沿线就云集了来自各地的、与基地相关的商店，从而形成了基地前商店街，有经营本土特产、古董美术品、缝纫、刺绣工艺等商店，沿街英文广告牌也十分常见。

《无限近似于透明的蓝》与"基地街"的反转

村上龙的芥川奖获奖小说《无限近似于透明的蓝》（『限りなく透明に近いブルー』，讲谈社，1976）提到了1970年代以后福生的变化以及该地在占领时期的风貌。小说"通过出生于占领期的孩子们再现了1970年代美国对日本占领的风景"。具体来说，小说描述的是从占领期开始一直作为基地周边的地方同基地之间的密切关系。村上在小说中提到，在消费社会蔓延的东京都市中心，"美国不是作为'消费社会的美国'，而是作为'占领军的美国'这个怪胎出现。彷徨游走于基地的孩子们被美军士兵注射麻药，被他们侵犯，占领下的暴力性一览无遗"。

"在有基地存在的郊外，美国与日本混居是否呈现出相同的状况呢？在这些地方，性场景，特别是'性'即等同于'乱交'的混杂状况尤其突出。这也成为占领状态下的一种隐喻。"在村上的小说中，主人公可被视为占领军带给日本的所有一切的隐喻。1970年代盛行于郊外年轻人的乱交派对，实际上是对占领状态下日美关系的重现。①

村上的小说在获得芥川奖之后受到媒体广泛关注，进而对福生的街道也产生了影响。小说发表时，时尚青年入住军属住宅的风潮已成为过去，但是媒体仍然将"住宅区的年轻人""深夜的欢乐街""美军基地前的商店街"作为"无轨道的福生"的象征来加以呈现。对此，福生市议会以及市民们认为村上的作品导致福生的形象进一步恶化，住宅区成为"邪恶的巢穴"。他们认为，"基地的存在让生活环境恶化，少年犯罪行为高于其他城市，甚至还有人主张取缔欢乐街"。② 媒体在小说的触动下过度渲染"福生作为占领军的城市"这一形象，从而导致当地民众重新衍生出对"基地街"的偏见。

但是到了1980年代末，"基地街"这一标签的价值开始反转。为盘活商店街的活力，"基地街"开始更多以正面形象出现。为配合16号国道的拓宽工程，东京都政府在1988年试图将横田基地前的商店街打造为样板商店街，为其提供了财政支持，这让商店街周边的环境得到了改善。从这一时期开始，媒体涉及福生的报道开始有了如下转变："美军

---

① 小田光雄『〈郊外〉の誕生と死』青弓社、1997 年。
② 新井智一「東京都福生市における在日米軍横田基地をめぐる「場所の政治」」。

住宅、休闲娱乐（R&R）、毒品、'不良之街'福生"、"福生的黑人灵魂乐迪斯科、真正的黑人舞蹈"、"说唱（RAP）与雷鬼乐（Reggae）的 1960 年代……围栏外面的无国籍区域"、"独特的杂货铺与异域餐馆、基地街般地道的美军专属老字号店铺"、"且看美军基地所在 16 号国道沿线的异域风情店铺"。"基地街"等同于"时尚前沿"的形象经过媒体的报道后开始流行。甚至连东京都也开始认同"商店街、基地、16 号国道三位一体的效用"以及"基地街作为商品价值的重要性"。① 由此导致"消费的欲望/基地的暴力"这一结构整体发生反转，"基地街"本身开始成为消费的对象。

我们该如何思考这种反转呢？在占领期间，日本大众文化的形成得益于美军基地的溢出效应。到了 1980 年代以后，美军基地又作为流行前沿的象征从文化上被消费。这两种现象乍看类似，但从结构上来说却是属性完全不同的两种现象。至少有一点可以明确，那就是在 1980 年代末的日本，这些"基地街"已经同六本木和原宿一样，其有关"占领"的记忆被切断，越来越突出的是其消费属性，并也向着更广泛的商品化方向发展。以 1950 年代后半期为转折点，曾经以不那么明显的形式与"基地"相联系的消费式美国主义，如今已经膨胀到将"基地"这一实体整体吞噬的地步。

---

① 新井智一「東京都福生市における在日米軍横田基地をめぐる「場所の政治」」。

第四章

居家中的"美国"

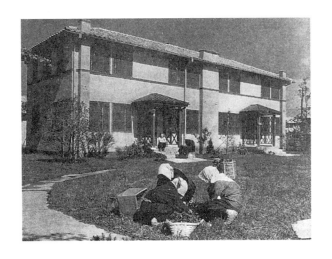

在美军家属住宅前庭除草的日本人以及在观望的美国女性
（小泉和子他『占領軍住宅の記録』下巻、住まいの図書館出版局、1999 年）

一　令人憧憬的美式生活

美军住宅中的 "美国"

占领期"美国"在日本的存在，虽然直接体现于占领军的进驻，但民众更切身体验到的"美国"则表现为一种生活方式，特别是其住居方式给日本带来的变化。日本人接触到生活方式层面的"美国"，艳羡对方物质生活的极大丰富，也将其中的一部分摄入到自己的生活方式中。在这种极大丰富的生活中位居核心位置的，是以美式生活方式为舞台的住宅。多数日本人是通过改善居住条件来"拥抱"作为家庭生活样板的"美国"。

美式生活与新住居方式的结合直接体现在战后不久美军所建设的占领军相关设施上。其中的代表是军属住宅（Dependents Housing，简称DH），即所谓的"DH 住宅"。DH 住宅是供联合国占领军家属用的住宅，作为占领政策的一环而投建。1946 年，GHQ 命令日本政府为驻留在日本本土以及朝鲜半岛的联合国军家属建设约 2 万套住宅，次月，GHQ 发布指令，要求日本生产这些住宅配套的家具家什 95 万套。"dependent"有"依附"之意，但此处主要是指"扶养家属"。

在东京的 DH 住宅中，最有名的首推第三章提到的华盛顿高地，其他还有位于都内三宅坂的帕莱斯高地（Palace Heights），国会议事堂前的林肯中心（Lincoln Center）和杰斐逊高地（Jefferson Heights），在练马区的成增，占领军建设了名为"格兰特高地"的大规模小区，格兰特是美国南北战争期间的英雄，在明治时期曾访问过日本。这些小区后来成为著名的光之丘住宅区。这些地方"以独立住宅为中心，幼儿园、小学、教堂、剧场、会所、酒吧、诊疗所、管理处、派驻所等公共设施一应俱全，道路、上下水道等基础设施完备"。① 与同润会公寓②等集体住宅以及郊外住宅不同，这种在比较大的一片区域建设大规模公共设施以及住宅的社区风格正是从这一时期开始的。

占领初期，DH住宅的建设以首都圈为中心向全国各地大规模推进。例如，华盛顿高地在1946年8月开工建设，到1947年9月，可容纳827户的住宅区就宣告竣工。格兰特高地于1947年2月开工，1948年6月竣工。1949年2月，占领军官方宣布一系列建设事业完成。DH住宅的建设集中于从占领开始的这三年。根据小泉等人的统计，截至1950年，东京、横滨、福冈分别有5437户、2449户、1322户DH住宅，全国共计约13000户，其中新建住宅约9600户。

如此大规模住宅建设事业的需求，带动了国内建筑业、家具业、电器产业的发展。实际上，GHQ为快速推进DH住宅建设，完善建筑业

---

① 小泉和子・高藪昭・内田青蔵『占領軍住宅の記録』住まいの図書館出版局、1999年。
② 同润会公寓是日本大正时代末期、昭和时代初期，由日本同润会在东京、横滨等地推广建造的钢筋混凝土式新型建筑群落。

界整体的体制，于1946年成立了以加速资材调度和工程进度为目的的"特建协力会"。当时的建筑业界也在重组之中，以大成建设、户田建设、鹿岛建设等大型建筑企业为中心成立的建设工业统制联合会（后改名为"建设工业会"）等积极响应GHQ的"特需"。在技术层面，日籍建筑师、绘图师、技术人员相继被派遣到GHQ的技术部门接受美军技术人员的指导。虽然DH事业的首要目的是在日本及朝鲜半岛大量建设满足美国生活方式需要的建筑物，但是日籍技术人员的参与以及对日本固有建筑技术的活用，也为日本人接受这种新型住居方式提供了可能。

按照当时美国中产阶级的住宅标准来说，DH住宅算是相对简约的类型了。GHQ技术部的报告书指出，DH事业在资材和预算有限的条件下，只能统一建成单调的长方形建筑，因为这样可以最小限度地利用建筑材料。就这样，以美国标准看来十分平常的住宅，在当时日本人的眼中竟然成了理想的住宅，也被视为令人憧憬的生活方式的象征。

根据小泉等人对DH住宅的研究，这类住宅相关制品的大规模集中生产也在战后的焦土上直接推动了家电、住宅、家具等新产业体制的确立。GHQ将住宅建设、家具设计、电器产品的生产制作委托给日本企业，在倚重日本国内资材的同时，其建设的住宅让美式生活成为可能。在战后物资极其匮乏的条件下，日本必须短期内以高标准建设住宅，生产家具、家什甚至电器产品。这是一项艰巨的工程，但是建筑业、家具行业以及电器产业却因此抓住了复兴的机运，促使这些产业快速实现从战时生产到日常生产的再次转型。①

受 DH 事业需求增加的影响，家具、家什的产量显著增加。西尔斯百货②的一位设计师担任占领军方面房屋设计的负责人，在他的指导下，战前对标准家具就颇有研究的商工省工艺指导所负责设计，国内工厂则被总动员从事生产加工。由于 DH 事业需要短期内采购大量家具，所以此时日本全国范围内都统一了生产规格、选购以及流通标准。一直以来，日本各地生产商之间在家具制作的技术水平以及经验上存在很大差异，为保证质量和规格，需要统一的质量管理体制。因此，全国的家具生产商通力合作，制定了统一的产品规格书，对材料和加工过程进行了细化管理。如此全国范围内统一的生产体制也让来自各地的生产商不得不承认，占领军对家具的庞大需求让他们经历了未曾体验过的全国规模的大采购以及量产技术的飞跃。

在此背景下生产的家具同住宅一样，对于当时的美国人而言只是适合中流以下普罗大众的口味的水平，却不曾想给日本人的家具理念带来了革命性的影响。小泉等人指出，这种设计 "融合了美式中庸现代设计感（modern design）以及大众偏好的前卫风格（contemporary style）"。即便如此，又或者说恰恰是因为如此，后来日本的多数家具都直接借鉴了 DH 家具的设计。例如，东京都在 1948 年以 DH 家具的款式和技术

① 小泉和子・高藪昭・内田青藏『占領軍住宅の記録』。
② 西尔斯百货（Sears, Roebuck and Company）是创立于 1893 年的美国百货公司，在 1980 年代以前为美国最大的零售商。

来设计标准化的家具。又如，同一时期杂志所介绍的标准住宅，其房间规划、家具配置均借用 DH 住宅的设计。后来，在日本一般家庭中普及的家具"也开始采用透明漆、自然色的简约前卫风格，还配上了餐边橱"，由此可见 DH 家具的影响力。[①]

《白朗黛》中富有的住宅空间

1940 年代后半期，从口香糖到 DH 住宅、家具，日本人所体验到的"美国"无一不是通过与占领军的接触而获得的。至及 1940 年代末期，普通民众通过漫画、广告等媒介，近距离领略了美式生活方式的魅力。其中，自 1949 年 1 月 1 日起连载于《朝日新闻》上的四格漫画《白朗黛》（*Blondie*）成为象征战后日本人对美国憧憬的代表性作品。1951 年 4 月开始，《海螺小姐》（『サザエさん』）接档《白朗黛》，在《朝日新闻》连载。

《白朗黛》是美国漫画家杨其格（Chic Young）创作于 1930 年的四格漫画，该漫画以 1920 年代的欢快风格为基调。杨其格去世之后由其子继续创作，成为延续至今的长寿漫画。漫画讲述的是可爱、能干的妻子白朗黛与性格和蔼、有点马大哈的富家公子达格伍德以及他们的儿子、女儿和爱犬共同谱写的家庭幽默剧。从这一点来看，《海螺小姐》的故事情节与《白朗黛》有异曲同工之处，甚至很多情节完全重复《白

---

① 小泉和子・高藪昭・内田青蔵『占領軍住宅の記録』。

朗黛》的套路。

不过，《海螺小姐》以大家庭的人际关系为中心，有时也涉及邻里关系，而《白朗黛》则主要以夫妻关系为中心，对家庭的内与外做了明确的区分。实际上，《白朗黛》的故事情节基本上只在巴姆斯特德家族居住空间的内部展开，至于同外围世界的交流仅限于工作、购物、邮寄以及上门推销等事务。就这样，在战后物资尚且匮乏的 1949 年，《白朗黛》突如其来地闯进了日本大众的日常生活。

岩本茂树对 1949 年至 1951 年期间《朝日新闻》连载的 734 篇《白朗黛》中所涉及的场所和器具进行了详尽的分析。统计显示，作为舞台装置出现次数最多的是达格伍德常坐的单人椅（137 篇），如果加上排在第五位的长椅（77 篇），两者的出现次数可达 214 篇。排在第二的是厨房 110 篇，加上餐厅 46 篇共计 156 篇。排在第三位的是床 92 篇，之后是电冰箱 87 篇、浴室 75 篇。也就是说，将厨房、床、浴室等单纯叠加可达 624 篇，占总数量的 80％以上。① 当然，统计中的次数既包括单一漫画格中出现的次数也包括多个漫画格中出现的次数，但总体而言，在《白朗黛》中，长椅、餐厅、厨房等居住相关设施的出现次数非常之多，由此不难想象整部漫画的基调。

岩本在分析中指出，整部漫画中家电制品的出现次数相对较少，他也对该问题展开了讨论。除了冰箱这个唯一的例外，洗衣机、吸尘器、

---

① 岩本茂樹『戦後アメリカニゼーションの原風景』ハーベスト社、2002 年。

收音机以及电视机等家电制品在《白朗黛》中的出现次数并不太多。即便如此，日本民众关注的焦点仍然放在"家用电器和食品种类的富足"以及"民主的家庭关系"上。岩本注意到这一文本出现频度与读者实际印象中的落差，并尝试解释为何日本民众会将焦点放在"家电"上。

针对《白朗黛》中所涉及的场景和器物，即使是相同的分析结果，也可以从不同的视角进行解释。漫画中洗衣机、吸尘器、收音机等家电制品的出现次数不多，但是沙发、厨房、床、浴室等设施完备的现代化郊区住宅设备跃然纸上，战后日本人因这部漫画中的家居、饮食等而被富足的美国折服是不争的事实。这部漫画将同时期美国人的富有，以及在衣食住行等家居生活中的富足这些信息传达给了身处占领期的日本人。

从 《白朗黛》 到美国电视剧

以占领期的《白朗黛》等漫画为肇始，日本民众对美式生活方式的关心在 1950 年代后半期开始扩展到对美剧中家庭生活的憧憬。实际上，直到 1960 年代初期，日本的电视台仍以播放来自美国的节目为主。1955 年美国电影《千里姻缘》（*Duel in the Jungle*）① 率先登陆日本电视台（Nippon TV），到了 1950 年代后期，日本的电视节目播放进入上升期，《水牛比尔的冒险》（*Buffalo Bill，Jr.*）、《飞燕金枪》（*Annie*

---

① 又译《兽林浴血记》，应为在英国制作并于 1954 年上映的电影。

Get Your Gun)等片长 30 分钟左右的西部系列片被陆续引进。[①] 同时，随着家庭喜剧受欢迎度的提升，到了 1961 年，美国电视节目大约占到晚间电视节目播放量的三分之一左右。例如，1963 年 2 月，东京 5 家电视台平均每周播放外国（绝大部分是美国）电视节目 102 档，播放时长达 4170 分钟。[②]

美国代表性家庭喜剧《我爱露茜》(*I Love Lucy*，NHK，1957)、《灵犬莱西》(*Lassie*，TBS，1957)、《妙爸爸》(*Father Knows Best*，日本电视台，1958)、《唐娜·里德秀》(*The Donna Reed Show*，富士电视台，1959)、《我的三个儿子》(*My Three Sons*，富士电视台，1961)在 1950 年代末陆续播出，对其后日本家庭剧的流行起到引领作用。1960 年代后半期则有《家有仙妻》(*Bewitched*，TBS，1966)、《桃乐丝·黛剧场》(*The Doris Day Show*，NHK，1970)、《露茜来了》(Here's *Lucy*，TBS，1971)出现在了日本的电视屏幕。这些美国人气电视剧的共通之处在于，家里的"爸爸是人缘好的工薪阶层，妈妈则是深受家校联谊会好评、拥有健全常识且受到子女尊重的女性"，延续了《白朗黛》以来的那种典型美国家庭形象。[③]

从《白朗黛》到美国电视剧，从漫画到电视，在传输媒介演变的过程中，同时期的日本人是如何评价美式家庭形象的呢？可以注意到，

---

① 实际上这两部电影时长均在 90 分钟以上。
② 『テレビドラマ』五巻三号、1963 年。
③ 乾直明『外国テレビフィルムの盛衰記』晶文社、1990 年。

1950 年代到 1960 年代期间，美国电视剧受到一部分日本观众的疯狂追捧，以至于各地都成立了所谓的"影迷俱乐部"。例如，1960 年代备受好评的西部剧《拉勒米牧场》（*Laramie*），其主人公杰西的扮演者罗伯特·富勒（Robert Fuller）访问日本时受到各地影迷的狂热欢迎。据说当时有数万影迷在机场接机，他居住的酒店周边影迷们昼夜云集，所到之处索要签名的人争先恐后、不计其数。在一份杂志的读者来信中，一位 16 岁的少年这样说道："我是《拉勒米牧场》的狂热粉丝，在杰西访日之后，我对该剧的喜爱与日俱增。但是，仅仅观看电视已经不能满足我的胃口了，因此我还经常跟喜欢《拉勒米牧场》的同好们一起讨论剧情。"①

在此等狂热氛围的影响下，还诞生出了以评介外国电视节目为主的影迷杂志。前文所引用的《电视时代》（*Television Age*）杂志最初是面向电视台相关人员的专业杂志，1961 年第 4 期《拉勒米牧场》专辑获得好评之后，杂志的风格开始转向以介绍西部剧和外国电视节目为主，从而发展成为专门介绍"外国明星"动态的杂志。

有意思的是，此类杂志风格的变化并非是受出版社经营战略的影响，而是在美剧粉丝狂热的刺激下完成的。该杂志的读者来信栏目已经背离编辑部的初衷，影迷们更纷纷以此为阵地交流信息和图片，许多影迷在来信中呼吁成立影迷俱乐部。更夸张的是，一旦该杂志刊载了有关日本本土人气电视节目的报道，就会立即引起读者的批判。比如有读者

① 『テレビジョンエイジ』二巻四号、1961 年。

写信指出："《电视时代》杂志在 8 月号刊载了《年少季节》(『若い季節』，日本本土电视剧）的信息，而本刊的宗旨是介绍外国的电视剧和电影，作为读者我反对编辑部的做法。"①

当然，作为西部剧的《拉勒米牧场》不是《妙爸爸》那样的家庭剧，但也可说是西部剧中的家庭剧，正如该剧中出现的年轻的谢尔曼及其家人那样，在美国人气电视节目中不可或缺的是家庭的温情。② 甚至如《本·凯西》(Ben Casey) 那样的早期正剧，也不过是把西部剧的舞台转移到医院，将作为反面角色的假想敌改成了病人而已。③ 也就是说，多数美国电视剧在呈现温馨家庭空间的同时，还要展现出"恶者"的存在，二元对立的形象表现得十分鲜明。这种对立的格局反映了冷战体制下大众的想象力，日本人痴迷于美国电视节目与冷战时期日本加入美国的阵营，存在着一体两面的共振关系。

二　电视进入千家万户

街头电视与力道山的摔跤

战后日本电视机初次亮相的主要舞台，并不是在那些崇尚美式生活方

① 『テレビジョンエイジ』二巻七号、1961 年。
② 『テレビジョンエイジ』二巻三号、1961 年。
③ 関根弘「ネコとネズミの対立共存」『テレビドラマ』六巻八号、1964 年。

式的家庭中，而是在车站附近、寺庙、神社、百货店以及电器店等街头公共场所。实际上，1953年日本NHK开播之时，全国签约收视的只有866户，到1955年，用户量突破5万户，但整体上至少到1950年代末期为止，居家收看电视并非主流的接触电视的方式。当时大学毕业生入职月薪只有8000日元，而一台电视机的价格约为20万日元，属于家庭高级奢侈品。

在此背景下，日本各家电视台所组成的播放网为了最大化满足观众对收看电视的需求，也为了实现通过广告来营利的目的，在首都圈附近的车站、广场等55处公共场所安置了220台大型电视机，随后又在新潟的柏崎、福岛的会津若松、静冈的烧津等地约278处公共场所安置了电视机。街头电视大获成功，每天电视机前都是黑压压的人头。

街头电视推动了电视的普及，更是维系电视与大众想象力之间的固有纽带。其播放节目中最吸引人的不是电视剧或者纪录片，而是体育比赛直播。其中，力道山的职业摔跤直播是当时街头电视最大的看点。狭窄的竞技场地可以体现出摔跤手的速度和力度，以当时的拍摄技术来看，这是最适合电视转播的体育节目。

力道山深知电视镜头的这一特性并对其加以充分利用。猪濑直树曾总结道："与其说电视因摔跤而普及，不如说摔跤因电视而兴起，力道山正是借助于电视而成为英雄，电视则因为产生的英雄而吸引观众的关注。"[1]

---

① 猪濑直樹『欲望のメディア』小学館、1990 年。

力道山深谙电视镜头的表现特长，所以他在比赛过程中融入了美式表演的色彩，以此来提高观赏性。同时，他在比赛中呈现给观众的经常是身材矮小的日本人对抗不断犯规的高大美国人的竞技场景。人们对力道山的狂热追捧引发了战后日本的摔跤热潮。这位从朝鲜半岛越过玄界滩①来到日本的金信洛（力道山的本名），他的摔跤反映了战后日本对曾经的敌国、占领国同时也是保护国的美国所抱有的屈折、复杂的感情，而这种感情以电视画面的形式被形象化地表现了出来。以大阪或九州为根据地的职业摔跤手们对摔跤的理解仅限于格斗竞技的层面，而力道山却能想象到电视机前数百万观众为之疯狂的场景，所以将摔跤发展成一种具有民族性的象征剧。他将当时民众对美国所抱有的复杂情感准确地反映在表演上，因此获得了巨大的成功。

文化表现的多重性与美国

1950 年代中期，摔跤在日本究竟有多受欢迎，从当时孩子们之间玩的"摔跤游戏"中可见一斑。这个游戏因为多次导致受伤和死亡事件甚至发展成为社会问题。例如 1955 年 3 月，横滨市发生了一例初中二年级学生玩摔跤游戏致死的事件。当时，孩子们喜欢"手刀""膝击"等摔跤技巧，不少孩子因此而受伤。受此负面影响，社会上对职业摔跤的批评声音不绝于耳，力道山本人也在多个场合澄清摔跤是一种职业运

---

① 玄界滩是日本九州西北部一带海域，与朝鲜半岛隔海相望。

动，他会"尽量克制自己，尊重运动精神"。①

但是，之后仍然陆续报道出有人在公共澡堂因为抢座位观看摔跤直播而发生纠纷甚至受伤的事件。此外，还有多人聚集在有电视的人家观看直播，结果导致木地板坍塌而受伤的事件。尽管在当时有着如此种种的负面报道，但是 1950 年代中期的日本社会对于职业摔跤的印象并没有后来那么负面。

当然，不能够仅以战后日本人的反美情绪来解释力道山的职业摔跤所聚敛的超高人气。对此，川村卓评论道，力道山演绎出来的"日本人"的虚构性与职业摔跤作为"体育运动"的虚构性相结合后，"观看摔跤节目追求的就不再是真实性，而是在煽情的基础上带来的虚拟现实体验"。② 力道山并不是日本人，却通过职业摔跤这一虚构的媒介演绎出英勇的"日本人"，让表演增加了更多的真实性。

直到 1970 年代末以后，力道山的身世才得以公开，当时牛岛秀彦出版了详实的纪实报道，《花花公子》周刊介绍了力道山在其母国朝鲜所掀起的热潮。其实早在 1950 年代，在日朝鲜人群体就流传过关于他的出身的谣言，但是当时日本大众的意识介于"知道和不知道之间，即使知道也装作不知道"。最终，职业摔跤因为日本人来演绎的"日本人"的戏剧效果得以延续了下来。可以说，"朝鲜半岛出身的金信洛化名为

① 『朝日新聞』、1955 年 11 月 30 日。
② 川村卓「演じられた「力道山」、演じられた「日本人」」岡村正史編著『力道山と日本人』青弓社、2002 年。

百田光浩后，成功地演绎了‘作为日本人英雄的力道山’，而观众们演绎的则是‘遭遇战败冲击而具有劣等感的日本人’”。[①]

尤其值得注意的是，演绎“反美”戏码的“日本人”力道山，其身体来自日本曾经的殖民地朝鲜半岛，职业摔跤这一体育项目还是一项美式运动。而在摔跤场外的力道山自己的生活方式来看，他是彻头彻尾贯彻美国主义的代表人物。也就是说，战后日本掀起的“力道山热潮”是“日本人”以“手刀”绝技让“美国”吃尽苦头的表演，也是朝鲜半岛出身的人士扮演“日本人”的表演，而他本人同时又是美国主义的享受者和消费者。这一文化表现的多重性在力道山身上得到了集中体现。

力道山神话的终结以及电视的 “去摔跤化”

进入 1950 年代后期，街头电视和家庭电视的比重开始发生逆转。在目睹了街头电视的揽客效应之后，餐饮店以及商店的店主们开始在室内设置电视机，以此来招揽生意，电视逐渐从街头走进商店，最后进入千家万户。这种收看电视场所的变化也促使电视这一媒介功能及意义发生了改变。其实早在 1955 年 10 月 9 日版的《朝日新闻》晚报就已经指出，街头电视的人气巅峰已过，电视的存在场所开始“从街头转向家庭”。

---

① 川村卓、「演じられた「力道山」、演じられた「日本人」」。

对于平民而言，街头电视的时代尚未结束，但是其全盛期毋宁说已经过去。咖啡厅、餐饮店等争相配置电视机，电视机的销量因此突破了 10 万台。当民营电视台设置大量街头电视时，对于赞助商来说，街头电视的观众未必是其商品的核心购买阶层。但是，这些新的电视观众阶层同时也是商品潜在购买阶层。随着限时抢购活动的增加，预计不久之后，电视机销售的重心将开始向一般家庭转移。[①]

报道还预测，随着电视设置场所的变化，其节目内容也会发生相应变化。"体育直播之所以在电视节目中独占鳌头，是拜街头电视热潮所赐，虽然这一热潮尚未褪去，但是在家里悠闲自在观看的室内录制节目会越来越受欢迎。如今，民营电视台也开始推出过去赞助商不怎么感兴趣的节目。"受此趋势的影响，面向家庭的节目成为主流，新的赞助商亦如潮水般涌入电视台。

在这种新电视文化背景下，职业摔跤开始变得另类。当然，从受欢迎程度来看，职业摔跤节目的收视率仍然具有压倒性优势。例如，1960 年 10 月，职业摔跤节目的收视率为 50.3%，排在其后的是《灵犬莱西》（36.7%），二者之间收视率差距明显。至次年 5 月，职业摔跤的收视率甚至达到 57.4%。[②] 但与此同时，不少观众反映"摔跤节目无聊"

① 『朝日新聞』1955 年 10 月 9 日。
② 民放五社調査研究会編『日本の視聴者・続』誠文堂新光社、1969 年。

"不适合在家里观看"等等。也就是说，虽然职业摔跤在收视率上仍然傲视群雄，但在家庭这种收视环境里，却开始被认为是不合时宜的节目。

进入这一时期以后，因职业摔跤直播而引发的事件的性质也发生了少许变化，相较于此前儿童模仿职业摔跤以及集体狂热引发的主动性安全事件，该时期的隐患则来自摔跤直播过程中，节目内容给电视观众带来的被动性安全事件。其中一例典型案例发生在 1962 年 4 月，一位正在观看力道山比赛直播的老人"因画面过于残暴导致休克性死亡"，该事件在当时的日本社会引起了强烈反响。实际上这位老人本身患有心脏病、哮喘等疾病，从力道山比赛节目的高收视率来看，其实也无法证明节目内容与病症之间的因果联系。但是，新闻媒体的报道却把焦点放在了职业摔跤"残暴性"的一面。

事件发生后的第二个月，大阪府警方建议电视台终止直播职业摔跤比赛，外加职业摔跤手卷入的暴力事件频发，职业摔跤的阴暗面，特别是脱离社会常轨的一面被放大。之后不久的 1963 年 12 月，力道山被黑社会组织团伙刺杀身亡，以他曾经所享受的狂热追捧而言，对这位"英雄"的死亡，媒体的报道实在过于冷淡。这个国家的人们已经与力道山的身体所象征的"战后"诀别了。

美智子的笑容与客厅的观众

在职业摔跤直播以及力道山的超高人气过后，进入 1960 年代，在电视节目发展过程中具有象征性意义的是 1959 年皇太子婚礼以及婚礼现场太子妃美智子的笑容。1958 年，皇太子明仁与正田美智子公布婚约后，马上掀起了所谓"美智子热"的热潮，并加速了电视的爆发性普及。1958 年 5 月，日本电视签约收视用户突破 100 万户，婚约公布后，当年年末到第二年签约数量激增，1959 年 4 月增加至 200 万户，10 月则达到 300 万户。这一时期全国各地民营电视台如雨后春笋般诞生，形成了民营播放的全国网络。这种播出方和收视方同时大幅增加的重要背景是 1959 年 4 月皇太子的婚礼游行，无数的电视台共同打造了一场空前的媒体盛宴。

从在街头围观力道山的摔跤直播的群众到在家中客厅观看太子妃笑容的日本国民，这一转变成为 1960 年代家庭剧与观众稳定关系的先驱。例如，1961 年人气综艺节目《肥皂泡假期》（『シャボン玉ホリデー』）和《在梦中相见》（『夢で逢いましょう』）开始播出。同样是在 1961 年，家庭剧《咲子等一等》（『咲子さんちょっと』）开播，江利智惠美饰演一位平民妻子。在此基础上，TBS 电视台陆续制作了以大家族为主线的《七人孙》（『七人の孫』）和《十一口之家》（『ただいま十一人』）等电视剧，此外，《坚韧的母亲》（『肝っ玉かあさん』，1968）和《时间到了》（『時間ですよ』，1970）等作品相继问世，TBS 家庭剧的传统由此奠定。此外，NHK 的大河剧《花之生涯》（『花の生涯』）于 1963 年开播，同期民营电视台亦开始拍摄大型历史剧，例如 1960 年代末播出的《水户黄门》（『水戸黄門』）和《大冈越前》（『大岡越前』）等。

在此背景下，在日播出的美国电视节目在经历了巅峰期后逐渐衰弱。最终，西部剧转到了深夜档，而黄金时间播出的则是清一色的日本家庭剧或历史剧。

在媒体文化变迁的过程中，有些人出色地适应了这种变化，而有些人则因为不能适应而消失于银屏。安田常雄以美空云雀和东尼谷作为正反两个案例来进行比较。"模仿美式唱腔的云雀，其歌曲很好地展现了占领期间平民的哀愁，由此奠定了其巨星之路，但是以 1952 年的《苹果小调》（「リンゴ追分」）为契机，其唱腔开始回归日式风格"。东尼谷在战后担任主持人兼歌舞杂耍演员，在占领军的俱乐部拥有超高人气，"他上着鲜红上衣、下穿纯白长裤，戴着黑框眼镜、留着短茬胡须，满口怪怪的'东尼式英语'（Toniglish），还发明了如'这样子啊'（さいざんす）、'晚上好'（オコンバンワ）等风靡一时的流行语，批评日本是'柏青哥国家'①"。他在 1950 年代中期备受欢迎，然而后来又很快就消失于公众视野。

安田认为东尼之所以在占领期获得民众的狂热支持，是因为他很好地演绎出了战败后民众道德扭曲、无秩序且带有自虐色彩的被占领心理，随着日本进入经济高速增长期以后，他这种类型的艺人就渐渐被社

---

① 柏青哥是日本的一种弹珠赌博机。

会所抛弃。① 东尼以夸张的演技所展示的殖民地性与力道山在职业摔跤中呈现出的"反美"姿态其实互为表里。美空云雀虽然也同样以扭曲的被占领心理为背景，但后来她的歌曲却重构了日本这个国家的主体性，从而巩固了其国民巨星的地位。

三　家用电器化，太太扮主角

家庭空间里的"三种神器"

1950 年代末期以后，电视机从街头走进家庭的过程中，发生变化的可不只是电视机的"显像管"。倒不如说是家庭这一空间以及其中具有生活意味的磁场发生了结构性变化。如要理解这一点，就必须知道电视机以及其他新式家电、家具和住宅对于战后日本人所具有的意义。

关于这一点非常有意思的是，对于多数日本人而言，电视机不是"买来"（買う）的，而是"到来"（やって来る）的。1982 年，日本民间放送联盟曾以"我与电视机：相遇的回忆"为题从普通观众中间征集了 454 封稿件，这些稿件详细记载了"电视机是如何到来的"。其中，一位女性回忆了她 10 岁时父亲购入一台旧电视机的场景。

---

① 安田常雄「アメリカニゼーションの光と影」中村正則他編『戦後思想と社会意識』岩波書店、1995 年。

那时候哄孩子的一个绝招是宣称"电视机今天会到家哦"。即使是吵得最凶的孩子也抵不住这句话的诱惑。为什么呢？因为电视机不是买来的，而是如馈赠般到来的东西，打开开关就能够看到影像，所以小朋友的心里很自然地会萌生这样的意识。①

还有一封读者来稿这样说道："这个具有魔性的盒子，被搬进玄关旁边的西式客厅，在家人、邻居的注目下，宛如在神龛中被祭祀的物品般被小心翼翼地安装起来。"在这些家庭中，电视机被拟人化，与其说是购买来的商品，倒不如说是"天赐良物，来到家中"。这种拟人化的修辞在战后日本人的日常意识中占据了重要的位置。虽然天皇发布了"人间宣言"，却仍然在某种程度上被视为"神性"的存在，当天皇到全国各地视察时，民众心里面也不免有"到来"或者"莅临"的感觉。

这种把电视机神格化的印象集中体现在该时期所谓"三种神器"②的表述上。毋庸赘言，"三种神器"指的是洗衣机、电冰箱和黑白电视机。从当时普通家庭的生活水平来看，这三种家电绝对是昂贵的商品，然而在1950年代末到1960年代初却爆发性地普及到户。1955年，洗衣机的普及率约为4%，电视机和冰箱甚至不到1%，但是到了1960年

---

① 「私とテレビジョン　思いの出会い」『人生読本テレビ』河出書房新社、1983年。
② 原指日本古代神话中的"三种神器"分别是八咫镜、八尺琼曲玉、草薙剑。此处为比喻，类似于我国改革开放时期说的"三大件"。

代，这一数据分别增加至 45%、54% 和 15%，1970 年代均达到 90% 以上。当 1960 年代后半期这三种家电的商品市场达到饱和状态后，就出现了第二代"三种神器"，分别是小汽车（car）、冷风空调（cooler）和彩电（color television），即所谓的"3C"。

关于"三种神器"的由来众说纷纭、莫衷一是。一般认为这与进入 1950 年代中期后日本经济发展过程中的三个经济景气期有关，它们分别是"神武景气""岩户景气"和"伊弉诺景气"①，当时日本用民族神话的隐喻来形容经济景气状况，而"三种神器"原本就是对天皇支配日本列岛的权力加以正当化的象征。但是，进入 1950 年代以后，这一表述开始进入私领域，被各个家庭作为摩登家庭的符号来使用。1950 年代以后的日本社会，家庭成为民族神话重构的主角，同时也成为国民身份认同不断得到确认的意识形态装置。这其中，奠定家庭中民族象征性角色的家电，特别是客厅中的电视机所扮演的角色至为关键。

是谁，又是在何时购买了电视机？

那么是谁，又是在何时把这一具有象征性意义的物品带进了家庭呢？舆论科学协会于 1959 年对世田谷社区购买电视机的情况进行了饶有趣味的调查。调查显示，家庭成员中购买电视机的意愿因家庭收入而

---

① "伊弉诺景气"是指自 1965 年到 1970 年期间日本连续五年的经济景气扩张，被认为是二战之后日本时间最长的经济扩张周期之一。"神武景气"和"岩户景气"分别参见序章第 14 页注释。

异。在每月人均生活费低于 7000 日元的家庭中，子女购买电视机的意
愿更加强烈，丈夫相对消极，而妻子则持完全否定态度。在此情形下，
父亲往往拼命劝服或以怀柔手段来应对子女们强烈的愿望。但是，对于
生活费在 8000 日元到 10000 日元的家庭而言，购买意愿最强烈的则是
丈夫。这种情况下，就只剩下妻子自己来抵抗丈夫的购买要求。如果生
活费超过 12500 日元，则夫妻均有意愿购买电视机。①

购买电视机的积极性与各个家庭的收入之间存在着明显的相关性。
但是，这种相关性在进入 1950 年代末以后，每年都会发生变化。例如，
将城市劳动者依收入高低划分为五个阶层时，收入最低的阶层对耐用消
费品的支出额度在 1959 年比上一年增长了 16.3％，1961 和 1962 年的
增势更强，1961 年增长 28.3％，1962 年增长 64.5％。这种增长的背后
就有电视机购买普及化的驱动。《国民生活白皮书》的报告显示，1962
年，即使是收入比较低的阶层，购买电视机的比例也在快速增长。② 另
外，其他调查也显示，到了 1962 年，电视机快速地在劳动阶层、年轻
阶层中得到普及，"在家看电视"在这一时期已经成为非常普遍的现象。
在 1960 年代初期收入增加这一背景下，多数普通家庭都会把电视机纳
入到购买计划中。

这些调查结果中比较有意思的是，日后与电视产生密切关系的部分
群体其实在初期的购买意愿并不积极。至少截至 1950 年代末期，对于

---

① 輿論科学協会「団地族とテレビの購入過程」『市場調査』76 号、1959 年。
② 瓜生忠夫「受け手側の生活分析」『調査情報』51 号、TBS、1963 年。

是否购买电视机，大多数家庭主妇的态度是消极的。理由之一或许与当时电视节目中家庭剧尚未普及，电视播放的主要是面向男性的棒球、摔跤比赛直播有关。

1960 年前后，电视机并没有出现在年轻人的耐用品购买意愿的清单上。根据国民生活研究所于 1961 年以东京、京都、仙台、大阪等地大学生为对象的调查，年轻人群体更希望购买的是立体音响、小汽车、电冰箱。不过对于当时的普通家庭而言，毫无疑问电视机更受青睐。①

从 "摩登女郎" 到 "全职太太"

民众的购买动向出现了上述变化后，电视机等家电制品又是以何种意象战略来激起消费者的购买欲的呢？想要了解这一点，可以通过追溯收音机、洗衣机、电冰箱、电视机等家电制品广告形象的变化来把握。例如，战前的收音机广告大多是直接体现摩登女郎等年轻女性的形象，因为收音机是那个时代都市现代主义的代名词。但虽然当时的收音机与都市生活有密切联系，却不具备 "家用电器" 的属性，倒不如说是广告中出现的摩登女郎与生产商所销售的产品之间产生了 "女性的摩登＝产品的摩登" 这种符号性的结合。即使在电器制品广告中出现了女性，扮演者也不是以日后家用电器化的主角——家庭主妇的身份出现，而只是

① 国民生活研究所『大都市における消費者の意識および行動に関する調査』1962年。

图 4-1 1932 年的杂志中
所刊载的松下收
音机广告
(『松下電器 宣伝 70 年史』
松下電器産業、1988 年)

生产商为推介商品的 "摩登性" 而使用的隐喻性符号。(图 4-1)

这一倾向一直延续到战后。直到 1950 年代初期,电器制品的广告基本沿袭了战前的套路,广告中的女性仍然是摩登女郎并给人以 "女性" 即 "商品" 的印象。唯一明显的变化在于,战后广告中更多地塑造出了 "富足的美国" 的形象。例如,1949 年,日本哥伦比亚唱片公司起用笠置静子为主角,她在广告中热情讴歌了美国的魅力。松下在 1951 年的对讲机广告中使用了诸如 "指令联络追求美国速度" 等广告词,收音机广告词则为 "一家两台的时代!",其所看齐的样板仍然是美国。同年,一则鼓吹家用电气化的广告中更是以 "相较于厨房、洗涤、清扫等领域均已实现电气化的美国,我国拥有收音机的人口只有一成,生活电气化跟美国相比还差得很远" 这样的话来强调日美两国间的鲜明落差。(图 4-2)

进入 1950 年代以后,广告中的女性形象开始从 "摩登都市生活的象征" 转变为 "推进家庭电气化生活的主体"。当然,与女性一起发生变化的还有广告中描绘的商品形象。例如,1951 年,电冰箱在战后初次进入消费市场时,日立的广告呼吁 "强化食品卫生!",广告中呈现的

图 4 - 2　1951 年报纸上所登载松下的广告（出处同图 4 - 1）

是内部空空如也的电冰箱。电冰箱在当时仅仅被认为与改善生活条件有关，并没有与"富足"以及生活方式产生关联。1952 年，松下上市的电动洗衣机广告也是如此，广告中介绍新产品性能的女模特强调"将太太们从洗涤的劳苦中解放出来！"，由此可见减轻家务负担是其广告宣传的焦点。

　　但是 1953 年到 1954 年之后，这些生产商的广告风格开始发生变化，作为"美式生活"主角的"主妇"即"太太"们闪亮登场。例如，1953 年松下的这句广告词"从起床到就寝，家用电器让您生活丰富愉快！"，描绘的就是电气化家庭的一天，这里所设定的场景背后则是典型的美式生活方式。

电气化的家庭让您从睁开眼便可享受愉快的一天。使用吐司机、咖啡壶、榨汁机，让您的早餐轻松便利，您的先生与子女穿上电熨斗熨烫过的衣装即可开始一天的生活。太太您大可使用电动洗衣机来清洗衣物，晚饭后一家人或看电视、或听唱片……家用电器让我们的生活如此丰富美好。①

同一时期，三洋电机邀请了被称为"三洋夫人"的木暮实千代来代言，将家电购买与美式生活方式全面结合起来。在1954年的电动洗衣机广告中，三洋电机强调其产品采用"欧美最受欢迎的喷流式"设计，木暮在该广告中将当时日本人所向往的美式家庭主妇形象完美地呈现了出来（图4-3）。另外，松下1957年的广告中，高峰秀子面带微笑的头像被电冰箱、洗衣机、榨汁机、收音机、电视机、电风扇、电饭锅、电熨斗等家电所包围，名曰"样样配全，太太笑颜!"。这就是家电应有尽有的理想生活方式（图4-4）。相似的风格还见诸于三洋电机1959年的广告，在"顾客即上帝"的文案旁边，上下部分别是家庭成员和木暮的笑脸，中间则是各类家电，电冰箱中还塞满了各类食材。

作为家庭电气化、民主化"主体"的"主妇"

在1950年代以后的广告形象中，"主妇"不再单纯是电气化生活的

①『松下電器 宣伝70年史』。

图 4-3 木暮实千代所代言三
洋电机的电器产品
海报
（山川浩二编『昭和広告 60 年史』
講談社、1987 年）

图 4-4 高峰秀子所代言松下的
电器产品海报（出处同
图 4-3）

享受者，也成为了推进并且掌控电气化生活的主导者。这里尤其值得
关注的是"电气化"与"民主化"这两种意象的重合，在这样的广告
意象编排中建构出了"主妇"作为家庭中"主体"即"国民"的
地位。

这一点在松下 1959 年的广告中体现得尤其突出。松下刊登在报纸
上的广告有这样一段文字："《日本国宪法》第二十五条规定，全体国民
都享有健康和文化生活的权利。我们国民所有的愿望清单之一，就是家
庭电气化。"这里将"民主化"这一命题同家庭电气化连接起来。换言
之，只有通过家庭电气化才可能实现战后日本所标榜的"民主化"。后

文还有"也请您留意身边，不妨考虑更舒适、更便利的生活方案"这样的话。显而易见，在家电制造商眼中，家庭主妇作为重要的受众，已经成为家庭电气化、民主化的主体。

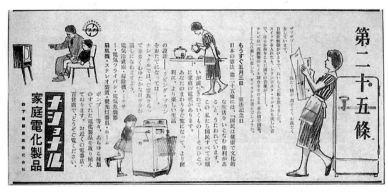

图 4-5 1959 年松下在报纸上登载的广告（出处同图 4-1）

尤其值得注意的是，这里所引用的宪法条文跟正式的《日本国宪法》有些微区别，《日本国宪法》第二十五条规定，全体国民都享有健康和文化的最低限度的生活的权利。在这里广告方却有意删除了"最低限度"一词（大概是有意的）。这个词被省却后，在《日本国宪法》中所定义的最低限度的生存权被置换成追求时髦的美式文化生活的欲望，给读者传达了一种国家赋权予以保障的信息。此外，松下在 1958 年的一个广告中，虽然不是很明显，但也表达了类似的主张。广告正文内容大致如下，欧美的一般家庭中"一般每周都会邀请丈夫事业上的伙伴或者同事来家里做客一次，这时主妇们开始大显身手，准备好美味佳肴，由此帮助丈夫提高社交地位，这是妻子的重要责任"。也就是说，主妇将家庭作为社交的场所而主动发挥，在这一过程中显示出了主妇的主体性作用。当然，前提是这些主妇们的主体性地位都是通过电气化的家庭才得以体现的。

上述动向发生在1950年代末以后，当时，家电制品的定位开始从"生活合理化的手段"向着"太太们的好帮手"的方向发生了微妙变化。不妨看看这一时期杂志《主妇之友》中广告的动向。截至1956年，该杂志的广告主要强调的是家用电器的合理性，例如松下的洗衣机广告中出现了一位家庭主妇模样的女性，配图文案是"买东西的同时还能洗衣服"；日立的洗衣机广告则是"新生活的规划不能没有合理洗涤！"。这些广告内容并没有凸显出主妇在家庭经营中的主体性地位。此外还有电装公司的广告标语为"洗涤水准胜过妈妈"，东芝的广告则出现了"贵府进入自动化时代"等文案。总之，这时的广告中主妇的角色是不重要的，所谓家庭电气化就是"合理化"即"自动化"的过程。

但是，进入1957年以后，广告的画风为之一变，东芝的洗衣机变成了"太太们的好帮手"，松下的电冰箱就是要成为"太太们的替身，充分考虑各种细节"，富士通将军的洗衣机则是"让太太们如有神助"。1959年东芝的广告口号是"太太们就是家务劳动的监督者"，配图则是一位面朝洗衣机"下命令"的主妇形象。当然，这一时期"合理化"即"自动化"的印象并没有完全消失，但同时家用电器支持主妇展现其"主体化"的功能也得到了越来越多的呈现。

不久后这样的主妇形象通过报纸、杂志以及电视等媒介为全国各地所共有。天野正子等人在讨论战后日本的物与女性关系的研究中指出："以洗衣机为突破口的电气化产品的普及，推动了'主妇'形象的单一化，换言之推动了民众生活方式的单一化。"过去即使在同一座城市，城下町或店家的"老板娘"与山手线一带的"太太们"也会因地域、阶层、收入等的差异而有着鲜明的界线，但从这一时期开始，主妇们的形象被涂上了相同的色彩。①

四 骄傲自豪，"日本制造"

美国视角下的 "日本技术"

以电视机为代表的家电在进入 1950 年代以后，不仅是成为家庭电气化主体的太太们形象的媒介，而且还与美式生活形象相结合后发展出了"三种神器"，在战后日本家庭的民族意识中居于核心地位。事实上，一览 1960 年前后的广告便知，家电在居住空间中所具有的民族象征成分越来越浓厚。

例如在 1960 年，索尼的广告中使用了"代表电子化日本的世界符号"一语，其便携式电视机的广告语是"为日本的荣耀添砖加瓦"，这

---

① 天野正子・桜井厚『「モノと女」の戦後史』有信堂高文社、1992 年。

些话意在表明，以技术为基轴的战后
日本正在以其新的国家身份闪亮登场。
广告中多使用"日本"的片假名拼写
"ニッポン"（Nippon），其背后显然意
识到来自世界，特别是来自美国的视
线的存在。该广告似乎有意宣示，从
"世界"即"美国"的视线来看，
"Nippon"的技术得到了评价和认可。
相同的是，三洋电机在1961年的广告
语中有"令世界的博士们为之惊愕的

图4-6　1962年松下在报
纸上登载的广告
（出处同图4-1）

小金属体"这样的表述，胜利唱机1962年的广告语则为"技术引领世
界之音"。松下在1962年的广告则使用了"骄傲自豪，日本制造"，可
谓众多广告之集大成之作。（图4-6）

此处值得注意的是，这些广告的制作其实比日本品牌在海外赢得广
泛好评早很多。实际上，当时日本企业在海外销售其产品时，"日本的
技术力"并没有被展现出来。盛田昭夫回顾1950年代在海外销售索尼
产品的情景时说："日本制造的高端产品在海外几乎没有任何名气，不
仅如此，日本制造（Made in Japan）还被贴上了品质低劣的标签。我们
公司在确定名称时并非因为日本的形象差才取了不怎么日本的名字，毕
竟所有的产品都需要标记生产国的名称。但是如果过于强调日本，则不
可避免给人粗制滥造的印象，所以最初阶段我们是想办法把'日本制

造' 这几个字尽可能标记得小一些。"① 当时骄傲自豪地宣扬 "日本制造" 的口号还只是针对国内消费者群体。家电生产商在对这一不平衡有着充分觉悟的基础上，面向国内消费者有意识地宣传自己的产品在国外也深受好评。

就这样，1950 年代末在日本人家庭中开始普及的家电也成为了日本人每天在家庭中体会战后日本技术主义的民族身份认同的媒介。这些广告背景中所折射的意识形态在松下 1961 年 "日本人应为技术的精细感到骄傲" 的一则广告中得到了恰如其分地呈现：

> 日本人是以技术的精细而著称的民族。同时，审美意识也远胜其他民族。现在日本的工艺美术、建筑等体现出的素朴纤细之美，已成为欧美人所向往的目标。想必大家也都知道，日本传统所生发出的设计，已经被欧美人融入他们的生活。……"精细" 是日本人从祖先那里继承而来的伟大遗产，当精细的指间结合了科学性，日本就能够制造出欧美人所无法匹敌的独特产品，对此我们应该有充分的自觉。②

这里将日本主义（Japonisme，和风）和技术主义的内核聚焦到 "精细" 这一概念上。与此同时，日本若要优越于他国，在 "理念" （idea）上也应该体现出卓越性。这一点在松下的另一则广告中有所体

---

① 盛田昭夫他『メイドインジャパン』朝日新聞社、1987 年。
② 『松下電器　宣伝 70 年史』。

现："日本学尽了欧美，却凭借着'独创性'具备了足以引领世界产业界的技术基础……我们日本人摒弃了简单的模仿精神，明白独创的尊贵，从'理念'层面不是也要追求成为世界第一等的民族吗？"[1]

家电领域中 "和风" 的形成

1960 年代家电广告的特征之一就是类似上述广告语的内容开始增加。这里一以贯之的是，当"日本技术"受到世界关注的同时，其技术的独创性也在国内被刻意强调。1960 年代的广告中经常出现诸如"来自世界严肃的目光"注视着日本，日本在世界的注目下领取"技术勋章"这样的表述。

这种技术在日后迅速发展成为日本这个国家的"个性"。例如，松下在 1966 年的电视机广告中扬言找到了"日本的色彩"。下面这段广告词引用了一位画家的发言："我在艺术的世界里，感受到了西欧优秀的机理（mechanism）以及日本细腻的情感。日本民族具备消化吸收来自西欧的机理，并将其置于日本独一无二的情感世界中的特质。当西欧冰冷的机理遇见日本温暖的情感后，就形成了这台国民彩电。"

如上所述，这种以日本的家电技术结合了传统的匠人审美情趣和自然观，并利用传统的审美意识来表现文化本质主义的技术论，成为

---

[1] 『松下電器 宣伝 70 年史』。此外，关于技术和理念二者的结合还可参见，伊藤章子「戦後日本社会におけるナショナル・アイデンティティの表象と科学技術」中谷猛他編『ナショナル・アイデンティティ論の現在』晃洋書房、2003年。

1960 年代家电产业形象战略的主轴。这种形象在 1960 年代后半期被包装成所谓的"和风"设计风格之后越发受人关注。

最早标榜"和风"名义和设计风格的产品，是松下一款名为"宴"的音响组合，它于 1954 年上市。广告中强调了"木纹光泽之美"，认为"这种造型代表了新式音响的发展方向"，松下将其标榜为"传统美融入近代感"的新家具推出到市面。是年秋天，松下陆续推出了同款系列的"飞鸟""潮"等体现"日本传统美"的音响。当然，类似的创意也被应用到电视机的设计上。同年 11 月，松下的彩电"嵯峨"作为"黄金系列"的主打产品上市，并作为松下彩电的主打产品风靡至 1970 年代。

进入 1960 年代中期，其他家电企业也陆续走上"和风"路线。跟松下风格较为接近的三洋电机推出的一款名为"日本"的彩色电视机。这款商品的设计基调来自"被称为日本古代建筑最高杰作的'校仓造法'①，将严格筛选的名贵木材进行手工组装，并涂上具有日本特色的透明漆"。这一热潮迅速波及其他家电生产商，例如东芝的"王座""名门"，三菱的"高尾"等陆续问世，这些洗衣机、电冰箱、冷风空调、扫地机等家电的品牌名称很容易让人联想到日本的传统与自然。实际上松下的冰箱还配合家具以及房间的色调分别设计了三种不同的木纹外装，即柚木制的"木曾"、红木制的"吉野"以及胡桃木制的"陆奥"。与同时期"蓝鸟"（Blue Bird）、"天际线"（Skyline）、"皇冠"（Crown）

---

① 校仓造法是日本传统的木建筑建造法，主要应用于寺庙、神社等储藏经典、宝物的仓库。

等"西洋风"命名的汽车品牌形成鲜明对比，家电的"和风化"得到快速普及。

家居中 "和风" 的创造

在 1960 年代，家电开始像"家具"一样普及，而家具自身的大众形象也发生了巨大的变化。家具摆脱了战后固有的百货店中和洋家具的模式，民众也在这一时期产生了对特定风格家具的青睐。这时引领潮流的是来自北欧的家具设计。实际上在整个 1960 年代，大多数百货店中都有北欧家具的展览会或特卖会。

其中，1958 年大丸百货店举办的"丹麦家具工艺展"算是比较早期的例子，而进入 1960 年代后半期，"汉斯·维纳[①]作品展""丹麦家具展""芬兰家具展""北欧家具展""芬兰建筑展"等各类展览不胜枚举。北欧家具之所以得到日本人的偏爱，是因为设计师们希望家具在保持日本特性的同时，还要具有国际前卫感印象，而北欧家具正好具备这一特性。[②] 当然，这一倾向并不仅限于设计师的兴趣，也被各地百货店展销会所看重，并得到大众的广泛认可，这是那个时代的特征。

更有甚者，1960 年代的家电广告也融入了北欧情调的家居元素。如松下电工在 1965 年整体厨房设备的广告中写道，"致渴望拥有现代化

[①] 汉斯·维纳（Hans Jørgensen Wegner，1914—2007），丹麦著名建筑师和家具建筑师。
[②] 柏木博『家具のモダンデザイン』淡交社、2002 年。

厨房的太太们"，"水槽周边新颖的线条和色彩能够带给您前所未有的明亮感和清洁感"。水槽边放置的是丹麦建筑师兼设计师阿纳·雅各布森（Arne Emil Jacobsen）于 1950 年代初期设计的蚂蚁椅（Ant Chair）。无独有偶，北欧摩登风的椅子也在东芝 1950 年代末的电视广告中亮相。以这些北欧家具的形象为触媒，进入 1960 年代中期以后，日本民众的日常意识中也多了一分对家具设计风格的重视。

战后日本人的家居意识在 1960 年代以后开始发生巨大变化，而住宅建造风格的变化可以提供重要的佐证。松村秀一指出，此前进入半实验阶段的装配式住宅生产在 1960 年代后半期得到正式推广，各家生产商为形象和销售战略而绞尽脑汁。业界龙头大和房屋（Daiwa House）的房屋销量在 1969 年超过万套之后，积水房屋（Sekisui House）和松下营造（National Homes）的销量也分别于 1971 和 1972 年突破万套。[①]

商品化住宅大众化过程中遵循的逻辑与家电领域的尝试大致相同，标榜 "和风" 的元素也体现在了住宅中。例如，1959 年的组合书房 "迷你屋" 获得成功后，在装配式住宅产业独占鳌头的大和房屋于 1962 年正式推出 "Daiwa House A" 型装配式住宅，一年以后 "B 型" "C 型" "D 型" 等型号住宅陆续面市。到了 1968 年，大和房屋一改过去住宅商品的名称，"若草" "白凤" "飞鸟" "春日" "大和" 等和式名称悉

---

① 松村秀一『「住宅」という考え方』東京大学出版会、1999 年。

数亮相。根据该公司30年史的记录，装配式住宅之所以在该时期改用和式的名称，是缘于对同时期家电产品的模仿。"如今装配式住宅也跟电气化产品一样成为可以在工厂中大量生产和销售的大众商品。"①

进入1970年代以后，单纯以和风命名的商品逐渐销声匿迹，反而是"有门厅的住宅""有烟囱的住宅""有露台的住宅"等具有西式幻想的商品成为市场主力。要言之，装配式住宅的形象策略从单纯的功能主义向和风传统主义，再向着主题乐园式的差异化理念方向发展。名称变化的背后，蕴含着住宅设计对消费者口味变化的迎合。根据消费者的多元需求，住宅设计也在1970年代末期进入了按需设计的"企划型"阶段。在此背景下，装配式住宅因其品质、价格以及设计上的优势，准确抓住了消费者的口味，巧妙地通过形象营销等手段将自身打造成为一种文化商品。

本章从占领期的DH住宅讨论到1960年代之后的装配式住宅，重点关注了美式生活方式如何渗透到战后日本人的日常生活中，以及日本人如何以"美国"这个他者为媒介来确立主体性认同的过程。如前所述，战后日本人家庭空间中"美国的"（American）与"民族的"（national）视线汇集的焦点在于以"三种神器"为代表的家电，特别是电视机上面。电视荧屏（节目）所呈现的家庭形象以及家中客厅所配置的家电产品等也都陆续经历了从"美国的"向"民族的"演变的过程。

---

① 『大和ハウス工業の30年』大和ハウス工業、1985年。

一方面，外国制作的电视剧风靡日本，电视剧继承了占领期《白朗黛》所呈现的家庭形象，这种渗透和影响持续至 1960 年代初期；另一方面，电视机这一装置本身作为 "三种神器" 之一，在其进入战后家庭住居中心的过程中，美国主义作为触媒发挥了重要作用。不仅仅是电视机，在有关 "家电" 的大众印象中，对美式生活方式的追求与日本民族主体性的建构其实互为表里。也就是说，追求 "美国" 的过程，也就是 "主妇" 即 "太太" 或者可以说 "技术人员" 确立战后民族性主体地位的过程。

针对这一过程，本章以家电产品的广告形象为中心展开了讨论，同时也基于相似的路径，对家具和住宅的广告形象进行了粗略概述。重要的是，在战后的日本家庭中，日本民族性主体的确立来自于对美国视角的参照，换言之，对美式生活的追求也意味着打造新的国民国家，所谓新的国民主体化与美国主义的关系正是在大众中传播的过程中建立起来的。在这里，二者的关系既不同于战后反基地运动中将矛头指向占领者 "美国" 的抗争者这一主体建构起的 "国民" 即 "民族" 的关系，也不同于那些在观看力道山摔跤比赛中为 "手刀" 叫好的民众所想象的，"日本人" 这一主体对抗扮演恶者角色的 "美国" 的关系。反倒不如说它是占领期天皇与麦克阿瑟的 "拥抱" 所折射出两大 "帝国" 的媾和性关系在 1960 年代之前广泛地渗透进国民的日常意识，并得到了积极支持的结果。

终　章

超越亲美：战后民族主义的无意识

一 冷战与反美民族主义：从朝鲜战争到反基地斗争

朝鲜战争与战斗的反美主义

如此前三章所述，塑造战后日本大众意识的主流并非"反美"，而是"亲美"。尽管如此，"反美"仍然萦绕在主流大众意识的周边，与"亲美"互为表里，却又多次公然出现在大众意识的表层。这里值得注意的是，战后日本国内的"反美"不可能发展成为战时的天皇制民族主义那种规模的思潮。毋宁说，"反美"是由日本共产党、在日朝鲜人以及基地周边的农民等反抗美国对亚洲支配的人们强烈主张的口号。

在战后日本，右翼的"反美"之所以长期处于边缘地带，毫无疑问是由于天皇与麦克阿瑟"拥抱"的效果。战后，信奉天皇制的民族主义者们即使主张"反美"，但从逻辑上来看，他们不得不面对信奉"天皇"却又批判"天皇"的尴尬局面。为了遮蔽这一明显的矛盾，他们只能以欺瞒性的自我韬晦来敷衍。虽然这只是部分右翼势力的经历，但至少到 1980 年代，他们一直都只是一种边缘性的存在。

右翼的"反美"从理论上陷入了绝境。从 1940 年代末到 1950 年

代，推动战斗性"反美"路线的主力成了日本共产党。当时日本共产党
与苏联的关系密切，并基于这一背景而强化了"反美"的斗争，所以麦
克阿瑟对共产党的行动加强了戒备。这种紧张局势的最高点发生在
1950年5月30日，以日本共产党为中心的民主民族阵线在"人民广
场"（即皇居前广场）集会，约12000名参与者与警察、美军士兵发生
冲突，还发生了美军士兵遭群殴而受伤的事件。事件发生几天后，麦克
阿瑟决定解除德田球一、野坂参三等共计24名共产党干部的公职，日
后被称为"赤色清洗"（red purge）的运动由此开始。就在同一年的6
月25日，朝鲜战争爆发。从日本共产党的视角来看，朝鲜战争是继中
华人民共和国成立之后在东亚地发生的又一次革命。受此潮流的影响，
以"所感派"①为中心的共产党员加强地下活动，明确了反美武装斗争
的激进路线。

　　朝鲜战争爆发之后，与上述共产党的动向相结合，在日本朝鲜人团
体也强化了"反美"的行动。在日朝鲜共产主义者组织成立祖国防卫委
员会、祖国防卫队，阻止从日本向朝鲜半岛运送武器弹药。此外，他们
还要求美军撤出朝鲜半岛、抗议日本政府协助美国在朝鲜作战。对他们
而言，祖国朝鲜正在遭受来自美帝国主义及其主导的联合国军的侵略，
他们保卫祖国的方式就是攻击美国在日本的军事设施以及那些对美军给
予协助的人。

---

① "所感派"是日本共产党中自1950年以后内部分裂出来的一个派系，其领袖为德
田球一、野坂参三等人。所感派属亲中国派，在当时日共中是主流派。

这些团体组织的活动具体如下：发起联名签字运动、分发反战宣传单、鼓动美军特需工厂劳动者的消极怠工、在武器运送线路上静坐，甚至还组织了对承接美军单子的中小型工厂的袭击。这些活动日益激进，最终引发了一场小规模的武力冲突，即1952年的枚方、吹田事件。当时朝鲜共产党在日本的活动小组策划了一起爆炸未遂事件，攻击的目标是原日本陆军在大阪的工厂枚方制造所，因为他们得到消息说，小松制作所通过招标的方式在枚方制造所生产提供给朝鲜战场的炮弹。组织成员们还冲入吹田的调度站，攻击美军以及警察的车辆，甚至还发生了袭击积极与美军合作的日本要人等事件。

梁永厚针对该事件的具体发展脉络做了意味深长的说明。他指出，"大阪东部的生野、东成、布施等地中小型工厂林立，其中有一家名为'亚细亚工业'的集束炸弹工厂，工厂主是一位前陆军中将，他委托周边小工厂生产炸弹。祖防队（祖国防卫队）则时常前往这些工厂迫使其机器停摆，妨碍其生产"。① 在当时朝鲜战争的大背景下，这位前陆军中将从事武器制造的案例，毫无疑问会给人以旧日本帝国主义与美国军事体制相结合的印象，为了反对这种"结合"，在日朝鲜人就不得不去抗争，上述事件则是他们的代表性抗争事件。

---

① 姜在彦・朴慶植・梁永厚「連続座談会 2「在日」50 年を語る」『季刊 青丘』第 22 号、青丘文化社、1995 年。

道场亲信的研究中也谈到上述发言会的内容，但他同时指出，日本共产党主导的反美斗争的决定性弱点在于只是单纯地将从事军事生产的势力归结为"与美帝国主义相勾结的买办"，也就是说将对方置于"敌人"的阵营，并没有深入追究参与战争的"日本人"自身的问题。[1] 在"美帝国主义"对阵"苏维埃"即"民主势力"这一冷战结构为的前提划分下，朝鲜同胞和广大日本人民被归到民主势力的范畴中，而日本的企业家则属于敌对势力的阵营。这种对立结构在沿袭冷战体制的同时也推动它本身的进一步强化，也可以说，他们的意识中缺少对日本社会自身责任意识的追问。在这样敌友二元对立的格局下，事实上大众最终反而是被推向了美国那一方，这也导致共产主义势力的孤立和颓势难以避免。

以 "反基地" 为宗旨的反美

1950 年代初期，"反美"在大众层面获得的支持，从 1953 年劳动节的报道标题《"反美清一色"的前夜祭》即可见一斑。在川崎市多摩川沿岸举办的劳动节前夜祭上，有约 3 万人参加活动，他们来自 80 个工会、左翼剧团以及市民团体，"有 2000 余人规模的合唱团，日本、冲绳地区、朝鲜等地的民族舞蹈……土方与志导演的大野外剧等在飞行灯照明以及绽放的烟花中湮没了整个会场，各类表演暗讽去年示威队伍遭

---

[1] 道場親信『占領と平和』青土社、2005 年。

到警察驱赶的事件，会场中到处响着'美国佬滚回去'等清一色反美的口号"。①

但是，日本共产党以及在日共产主义者的"反美"斗争越是激进，就越有可能被战后日本人的大众意识所孤立。特别是在1953年7月朝鲜战争停战协定签署之后，以在东亚地区维持现状为前提的东西两阵营的国际秩序得以重构，以激进路线为宗旨的日本共产党越来越孤立，最终只能放弃"武装斗争"路线，也从引导人们"反美"意识的先锋位置上跌落下来。

日本共产党在1950年代初期领导的"反美"斗争是直接受到当时以朝鲜战争为背景的国际局势所左右。但是，日本国内几个地区持续性的反美斗争意识却是建立在"反基地"的脉络上。恰恰是"反基地"的口号，让1950年代日本的"反美"斗争比其他任何时代都更具有群众基础。当时正值《旧金山对日和约》签署后不久，日本各地还残存不少美军基地，对军事基地的不满和反对声音在全国范围内蔓延。正因不满的郁积广泛存在于大众群体中，才使1950年代的反基地斗争具备了超越党派界限的大众基础和持续性。

1953年6月的《读卖新闻》分期刊载了名为"反美与基地"的座谈会纪要，大宅壮一在座谈会上指出，近年来日本国内反美意识

---

① 『読売新聞』1953 年 4 月 29 日。

快速膨胀的原因主要是基地的侵害，主要表现在如下四个方面：本来应该是农业用地的土地却被美军基地大规模占有，基地产生的噪音干扰了周边的教学，美军粗鲁的驾驶引发了交通事故以及基地周边存在卖春等扰乱公序良俗的行为。① 从整体基调上来看，该座谈会持中道偏保守的立场，但能够如此直接地讨论基地问题，可见基地作为反美意识的焦点问题在当时已经成为共识。

战后日本的 1950 年代可以说是反基地的时代。这一波反基地斗争的高潮是第三章所讨论的砂川斗争，除此之外还有石川县内滩、茨城县百里、山梨县北富士等日本全国各地展开的反对美军基地的斗争。进入 1950 年代后半期，则有板付、小牧、新潟、北富士、妙义、大高根、浅间、日本原等地卷起的风潮，在此大背景下与冲绳的"全岛斗争"遥相呼应。对于当局而言，这些斗争中最棘手的主角莫过于那些失去土地的农民，以农民们的联合斗争为基础，1950 年代的"反美"即"反基地"斗争具备了大众运动的属性。

美国媒体也充分关注到了 1950 年代日本高涨的反美情绪，可见日本人的"反美"已经成为美国以及日本政府统治阶层的心腹之患。美国方面对此所采取的策略是将"反美"与"反基地"相切分，即判断"反基地"并不意味着"反美"。"反基地"是有明确受到侵害的当事人的真情流露，并不是真正的"反美"，当然更不表明广大日本人

---

① 『読売新聞』1953 年 6 月 6 日。

都共产主义化了。基于这一主张，他们认为只要基地问题能够得到解决，那么反美的情绪也就会随之消失。事实上，从某种程度而言的确如此。

二 来自反越战运动的追问

作为民族主义的反美

朝鲜战争爆发前后以共产党为中心的反美斗争、1950 年代以农民的联合为基础的全国范围反基地斗争以及 1950 年代末期的反对《日美安保条约》运动，这三者之间有着共同的主线，即在所谓"反美"即"民族主义"的框架下展开。小熊英二在讨论战后在潜意识层面强烈支配知识分子情感的民族主义时，明确指出了 1950 年代反美斗争与当时人们的民族主义感情之间的紧密联系。

小熊指出，1950 年代初期反美武装斗争的特征在于"对'民族'的极端强调"。活动家们宣称，"当前的日本受到美帝国主义以及美国资本的控制而陷入'殖民地化'和'军事基地化'的境地，'日本民族的独立'受到了威胁"。在他们看来，美国主导的媾和条约只是保守政权和垄断资本家的策略，"他们是将我们民族出售给外国资本从而维护自身利益和地位的民族叛徒"。为了"与这些卖国势力相斗争，只要身为日本人，我国 95％的人口就应该支持上述（反美）纲领"。①

从文化的层面来看，这些运动也批判道："美国文化的渗透让健全民主的日本民族文化遭到压迫，来自外国颓废的、殖民地性质的文化充斥日本。"他们赞扬"茶道、花道、大佛等所代表的日本文化"，"奉日本武尊②为民族英雄"。③ 于是共产主义运动披上了真正"爱国者"的国民运动外衣，批判世界主义（cosmopolitanism）及卖国的美国主义，为战后混乱中失去方向的天皇制民族主义情绪提供了虽然怪异却非常直接的承载空间。

这种"反美"与民族主义的密切结合在反基地运动中也有着直观的体现。如前所述，支撑高涨的反基地运动情绪的是农民对其土地遭到掠夺的愤怒，这种愤怒之所以在"国民"层面获得广泛响应，恰恰就在于土地所具有的"日本主权"属性遭到了侵犯。与此同时，民众们对基地周边的卖春妇持有复杂的感情，又或者说，"日本的贞操"这一表述所体现的国家层面男子气概的重构，本质上就是战前日本父权制情感的延续。

这类民族主义感情从反基地斗争一直延续到 1960 年代的反安保斗争。知识分子中间能够充分意识到这一倾向的当推清水几太郎。清水在 1950 年代中期，以基地问题为中心编辑出版了儿童作文集《基地之子》

---

① 小熊英二『〈民主〉と〈愛国〉』新曜社、2002 年。
② 日本古代传说中的人物，相传为景行天皇之子，有勇有谋、力大无穷。
③ 小熊英二『〈民主〉と〈愛国〉』。

以及教师的纪实文学《基地日本》这两部作品。① 在清水的意识深处，潜藏着强烈的作为"民族之日本"的感情，然而当前日本这个"民族"却不得不接受殖民地化的悲惨处境。

> 日本的成人们多以一本正经的口气声称："日本同以美国为代表的多数国家缔结了和平条约，成为了伟大的独立国家，而且美国军队会来保卫我们国家的安全。"我们中的很多人也不乏这样的想法，但这只是硬币的一面，其实还有硬币的另一面……基地孩子们的文章向我们全面讲述了和平条约、安保条约、行政协定这些看似可喜可贺的舞台背后的事实和真相。②

"舞台背后"就是"作为殖民地的日本"这一现实。他们据此认为："长期以来，亚洲各民族作为殖民地民族处于复杂交织、弱肉强食的关系链中。如今，亚洲各民族已经挣脱屈辱的历史，获得了民族的独立。反倒是过去曾长期俯视亚洲各民族的日本国民深陷入了被殖民的境地。"

清水在后来 1960 年《日美安保条约》修改之际，以一篇震撼读者心灵的文章呼吁开展请愿游行。该文以《现在就去国会——关于请愿的呼吁》为题发表于 1960 年《世界》杂志第 5 期上，清水在文章中指出，10 年前《旧金山对日和约》签署时，美国强制日本签署了《日美安保

---

① 清水幾太郎・宮原誠一・上田庄三郎共編『基地の子』光文社、1953 年；清水幾太郎・猪俣浩三・木村禧八郎編『基地日本』和光社、1953 年。
② 「編者のことば」『基地の子』。

条约》，而这次修订让新的条约更加具有军事色彩，但问题在于这次修订并非来自美国的强制，而是日本国民基于自发性和自主意识而缔结。清水指出了问题的核心，因为大多数日本人认为即使签订了安保条约，世界的大势仍是裁军与和平共存，所以日本也没有必要担心被卷入美国所发起的战争。针对日本国内这种乐观主义论调，清水的看法如下：

> 我并不认为日本国民已经堕落到必须依靠外力才能生存的地步。世界大势并不是为了这种搭便车的国民而存在的。所谓"自助者天助"，日本国民所面临的课题只有日本国民自己才能解决，世界大势可不会帮忙……但是，对于已经在跑道上"滑行"的新安保条约，我们国民能够做的是什么呢？我们的手里还剩下什么牌可以打？我认为是"请愿"……今天我们能做的就是向众参两院议长请愿。

早在战前，清水就敏锐地洞察到了当时蠢蠢欲动的大众感情。在其名著《流言蜚语》中对此已经有了相当精到的论述，这种观察也跟他对"民族"即"国家"的执念联系在一起。1960 年反对《日美安保条约》运动中，针对日本的对美从属结构，清水已经看透民众基于民族感情而对日本从属于美国这一地位的反感。但是，他并没有走像政党层面那样循规蹈矩的反对渠道，而是直接面向草根阶层，发动大众运动来抗议。

清水的提案得到民众的积极回应，并成为 1960 年安保斗争发展成为无党派国民运动的重要契机之一。通过草根大众运动来实现民族的自立，清水的这一构想在 1960 年前后获得了国民感情上的深度信赖。但反过来说，这里也存在着一个巨大的陷阱，如果日本国民确实已经堕落到必须依靠外力才能生存的地步的话，那么清水所谓"作为民族的日本"的思想归宿应该向着哪个方向发展呢？答案已经明确。清水于 1980 年在杂志《诸君！》发表的题为《现在做个国家吧，核武器的选项》（「今こそ国家たれ　核の選択」）的文章中明确提出了日本应该发展核武器的诉求，这被认为是 1990 年代日本新民族主义（neo-nationalism）的先驱。这篇文章也标志着清水政治倾向的右转，但是这种右倾并非突然的变节，而是他对日本大众情绪感到绝望之时而产生的必然的结构性变化。

作为转折点的 "越平联"

大众层面的民族主义远离对美批判是始于 1960 年代中后期开始的反越战运动，其标志是 1965 年 "越平联"（ベトナムに平和を！市民連合、越南和平联合会）的成立。越平联诞生的契机可以追溯到 1960 年反对《日美安保条约》运动时成立的 "无声之声会"（声なき声の会），该团体联合其他运动团体共同组成了这一反越南战争联合组织。越平联的初期活动包括在《纽约时报》刊登意见广告、彻夜讨论集会的电视转播等，由此明确传达出了日本战后知识分子的呼声。但是到了后期，运动开始超越战后知识分子的预期，扩大成为以年轻人为主体的草根市民运动。1960 年代末，小田实的领导力与年轻阶层的热情产生共鸣，使运动呈现出与 1950 年代的反美斗争以及 1960 年代的安保斗争时截然不同的样态。

从发展脉络来看，越平联尽管具有与此前其他政治运动的连续性，但同时也蕴含着完全迥异的潜能。在早期阶段就看穿这一点的是鹤见俊辅。1968 年，在为小田实主编的论文集撰写的序言中，鹤见指出越平联具有两方面的新颖之处。第一是草根阶层的非组织性。越平联的运动"总是像喷泉一样，不断有年轻的血液涌现出来"。这个运动组织内部与外部的界限非常模糊，总是会有热切投身运动的新人成为运动的核心人物，换言之，运动的核心部分经常是中空的。

在鹤见看来，越平联所具有的第二个特征是其去民族主义的倾向。他将其定义为"国际主义"（internationalism），这里的国际主义不同于"战前币原喜重郎、吉田茂等重臣阶层所主张的以欧美为中心的国际主义，也不同于当前日本统治阶层追随美国的国际主义"。这种国际主义与美国国内的反战势力产生共鸣，并在此基础上产生了对英勇抗击占有绝对力量优势的美国的越南人民的崇敬之情，以及从日常层面与亚洲各地民众运动携手斗争的情怀。[1]

鹤见还指出，"为何一直以来我们彼此之间的互助都被限定在国家的框架内呢？反越战运动教会我们的是超越国家框架的必要性"，鹤见强调的是越平联尝试从内部突破国家窠臼的组织属性。后来的伊拉克反

---

[1] 鹤见俊辅「ベ平連とは何か?」市民連合編『資料・「ベ平連」運動』上巻、1974 年。

战运动通过互联网而变成了全球公民大联合的社会运动，而其40年前的反越战运动其实已经旗帜鲜明地揭示出了美国以及日本在公民层面横向团结亚洲各地民众的可能性。

美国人和日本人之所以能够产生这种越境的"国际主义"，其重要背景来自于自身作为加害者属性的自觉。在越南战场上的美军逃兵们的反战理由并不单纯。他们质疑的是"美国明明没有被侵略的危险，为何还要漂洋过海去屠杀越南人，当他们就这个问题思考自己的责任时，才意识到其症结在于美国社会中的权力构造"。也就是说，他们首先把自己置于加害者的位置，在自我追责的基础上反思美国人的战争责任。

鹤见俊辅认为，美国的这种反战运动在日本同样适用，同样有效。在日本，"大东亚战争"的推进者们在二战后成为了"战后民主主义"的中坚力量，其统治权力具有延续性。1945年以后，美国与日本沆瀣一气，相互掩饰彼此的战争犯罪。所以与越南战争一样，日本国内也没有普遍认识到自身在亚洲太平洋战争中的加害者属性。只要日本国内缺少对这种加害者属性的深刻自觉，那么战后的日本人就很难实现真正意义上的国际主义。①

鹤见良行的实践

鹤见良行是俊辅的堂弟，他通过参与越平联运动摸索出切身践行

---

① 鹤见俊辅「市民的不服従の国际的连带」市民连合编『资料・「ベ平连」运动』上卷。

"国际主义"的具体方法。良行在参与越平联运动的早期阶段就发表过一篇名为《打消作为日本国民的念头》（「日本国民としての断念」）的文章中指出，"既然主权国家有赖于国民的存在，和平运动当然要否定作为一国国民的立场"，也就是说，"日本的和平运动应该有别于动员游行、集团间争夺主导权的斗争性运动，回归到与之截然不同的原理性地表平面"，在良行看来，这种"原理性地表"指的就是"打消作为日本国民的念头"。①

持有这一想法的鹤见良行为何会执着于越南战争，执着于美国呢？在 1968 年的一篇文章中，他如此写道：

> 当触及美国的时候，我发现美国有让我血液为之沸腾的某些东西。同时，这个国家又让我的血液为之冷却。美国这个国家比其他任何国家都更让我触动，究竟是为何呢？是因为日本和美国就像连体双胞胎一样，彼此命运难以分开吗？还是因为美国如同战时的军部那样，是以不透明的方式支配我的生活？又或者是因为我生长在这个国度，单纯出于血缘就会产生出这样的爱憎之情？②

此后鹤见良行仍频频使用这样的隐喻来批判美国。例如，在西贡

---

① 鹤见良行「日本国民としての断念」『鹤见良行著作集 2』みすず書房、2002 年。
② 鹤见良行「米国ニュー・レフトとの対話」『鹤见良行著作集 2』みすず書房、2002 年。

（现在的胡志明市）的街头广场，遭到公开枪决的越南民族解放阵线游击队员所发出的呼喊，折射出来的是另一个美国。之所以会出现这样的美国，是因为这个歧视黑人的国家必然会对亚洲人进行杀戮。日本则跟这样的美国缔结了安保条约，日本的企业在越南战争谋取暴利，而民众则在美国的庇护下忘却了曾经对亚洲的加害。鹤见良行也时常扪心自问："作为从事日美文化交流团体中的一员，我自己不也是日美这两个不对等的身体中间血液循环的一部分吗？"① 从鹤见良行的追问中可以发现一个脱离美国的权力与资本之后就无法自主生存的战后日本，以及从幼小到现在一直同这样的美国保持密切关系的鹤见良行本人。在这两个层面上，他本人对"日本内在的美国"的追问是重叠在一起的。

当然，这一问题意识的背后包含着他对战后日本与越南战争关系的不断追问。鹤见良行在 1966 年时就批判道，"无论是政权、官僚、资本，还是媒体、工会、公民，所有让日本社会得以运转的势力在日本介入越南战争的问题上，都没有建立起以事实为基础的最基本的认知"。实际上，"我们正通过众多细分化的渠道同越南战争产生联系，却对这些细分化渠道的整体结构无从知晓"。② 鹤见当时所论述的焦点在于越南战争特需以及这种特需同日本重整军备之间的关系，但是后来随着战事的发展，对于鹤见良行而言，一个超出这一直接关系之上的更大的问题视角浮出了水面。

---

① 鹤见良行「アジアを知るために」『鹤见良行著作集4』みすず書房、1999 年。
② 鹤见良行「ベトナム戦争と日本」『鹤见良行著作集1』みすず書房、1999 年。

1970 年，鹤见良行在对越平联的活动进行中期总结时作了如下
发言：

> 越平联所从事的本应该是反对越南战争的运动，那么为何
> 它如今却逐渐成为日本分裂的战后体制下各类政治社会现象的
> 代言者？一个重要的解释是，日本民众出于人性而对越南人民
> 产生的同情出发，认为反越战运动是位于 1960 年安保斗争的
> 延长线上。而安保斗争的出发点恰恰在于战后民主主义以及保
> 护基本人权。在反对越南战争运动不断深化的过程中，冲绳问
> 题、越南特需、基地斗争、在日美军逃兵等各类问题最终定格
> 在以日美为基轴的亚洲基本政治结构上，而维系这一政治结构
> 的则是越南、冲绳、安保体制和美国。所以在日本国内出现了
> 所谓"我们之内的越南"这样的认识。越南战争不是隔岸观
> 火，而是把所有日本人都牵扯在内的战争。1960 年时本应当
> 被守护的日常市民生活，如今却成为应当被否定的东西。①

可以说，在 1960 年代末日本社会意识的变化中，鹤见良行意识到
日本民众作为当事者同时也是加害者的自觉。越南战争并不是发生在美
国的外部，同时也不是发生在日本的外部，而是发生在以日美为基轴的
亚洲基本政治结构中。所以，我们不能从外部讨论越南战争，而应从战
后日本对东南亚的经济霸权这一结构出发来看待越南。我们所反对的越

---

① 鹤见良行「一九七○年とべ平連」『鹤见良行著作集 2』みすず書房、2002 年。

南战争，并不是作为"和平"的国家向处于"战争"的国家伸出的援手，而是要从根本上质疑这个所谓"和平"的构造以及看似在讴歌"和平"与"繁荣"的日本社会，鹤见良行主张反越战运动必须包含着以越南为视角来重新审视日本社会的涵义。

三　外在的美国、内在的美国

两种层面上对美国的内化

本书以日本在占领期到经济高速增长期为焦点，整体考察了从幕末到 1910 年代日本对美国的接纳与反抗。概而言之，截至 1910 年代，"美国"对于近代日本而言是处于外部的特别存在。它时而被认为是"自由圣地"，时而又被认为是在太平洋彼岸与日本对峙的列强。尽管内村鉴三、有岛武郎等人曾经将"美国"作为自身的问题而将其内化，但从整体上看，直到大正初期，"美国"对于日本社会而言，更多只是一个隔海相望、处于外部的他者，即便作为社会发展的范本，也并未在人们日常意识的深处产生作用。

正如第一章所论述的那样，进入 1920 年代以后，该状况开始发生变化。随着好莱坞、爵士乐、摩登男孩、摩登女郎、棒球运动等开始渗透进都市生活的日常，将"美国"视为内部存在而非外部存在的阶层开始大量出现。室伏高信据此指出："如今，非美式的日本在哪里？离开美国，日本还存在吗？非美式的生活还残留在哪里？"这一时期舆论场上集中涌现出的"美国论"中的多数已经不再讨论作为异邦的美国，而是关注在日本国内滋生的内在的"美国"。

当然，这个内在的"美国"渗透到日本国土的各个角落并以异常强大的威力在人们的日常意识中扎根，是始于麦克阿瑟到达厚木机场之后。如本书第二章、第三章所述，在这一时期，"美国"作为日本人内在的他者，主要包括如下两个层面的指向。

第一，作为内在暴力的"美国"。毋庸置疑，这个"美国"是以美军基地这一看得见的方式存在的。占领军继承了此前日军在日本本土、冲绳地区、朝鲜半岛以及东亚各地建设和使用的军事设施，导致日本曾经在东亚地区的军事机构多数被这个全球规模的军事霸权所囊括。这一过程具有高度的连续性，当然也包括若干断层，比如其中存在的基地周边的卖春问题。

事实上，"潘潘女郎"的存在是最能够让战后日本人实际感触到"占领"这一事实的现象。"潘潘女郎"这一现象所体现出的美国的优越性让众多的日本男性产生了"日本被侵犯"的感情，而这种言论也在被刻意地生产和消费，从而成为战后新民族主义得以建构的基础。本书终章所讨论的"后占领期"来自左翼的反美运动的根基就在于民族主义的无意识，而对占领期"女人们"的印象以及"日本被侵犯"等潜意识在其中也起到了推波助澜的作用。

然而，这一作为暴力象征的美国却在基地内外吸引了年轻人的关注，因为它同时也具有作为新文化旗手的诱惑性。如本书第三章所述，战后日本的流行文化产生于美军基地以及其与基地周围音乐人、艺人、年轻人的交流与互动中。这种交流与互动在冲绳和韩国等地也非常显著，在1950年代的日本本土也存在过。

不过值得留意的是，在日本本土，这种交流与互动最终被吸纳到电视台的演播厅以及新闻媒体中，作为基地以及暴力象征的"美国"记忆逐渐褪去，或者说被主动忘却。这时，"潘潘女郎"曾作为优越者一面的形象开始消失，只保留下其作为占领期特有的风俗现象或者说美军性暴力的受害者形象。东京的原宿、六本木等代表着前沿都市文化的街道则走向了前台，人们也随之忘却它们曾作为"基地街"的历史。美军自1950年代到1960年代强化了冲绳的军事基地，这一进程与日本本土的去军事化进程互为表里。随着美军在日本本土主要区域的陆续撤退，上述各种记忆的风化也变得更加容易。

此外，在占领期之后，从另一个层面渗透进日本社会的是被称为隐性视角的"美国"。本书在第二章介绍了占领期拥有绝对权力的麦克阿瑟将军。他本人尽管具有强烈的自我表现欲望，却尽可能减少在日本媒体面前露面的频率。麦克阿瑟在公众面前的出镜率与其本人的影响力存在明显的反差。这里非常重要的一点是作为象征的"美国"与作为象征的"天皇"之间的交错关系。1945年9月27日二者所拍摄的纪念合影可能让部分日本民众感受到了"屈辱"，或许麦克阿瑟的本意并非夸耀美国对日本的占领，而是向日本民众释放保护天皇的意图——战后日本天皇仍然是民众视线的焦点，占领军只是希望把这一焦点以可视化的图像呈现出来。

正如占领军的审查所体现的那样，美国尽可能避免在公开场合展现出"占领者"的形象。所以，即使在占领体制下，居于焦点位置的也不是麦克阿瑟，而是"人间天皇"。美国意在通过"人间天皇""皇室一家"来打造战后日本独特的视觉体系。

例如，本书第四章所讨论的美式生活方式的象征物，它们作为"三种神器"被安置在日本人家庭的客厅和厨房中。日本家庭购买"三种神器"凸显了女性作为"主妇"的主体地位，说明战后日本是以女性为中心来打造家庭空间的。1960年代家电厂商的广告所力推的"主妇"即"主体"的家庭电气化广告中，宪法所保障的民主化权利（享有健康和文化生活的权利）通过家庭电气化得以实现。也就是说，"以家庭为单位进行消费＝实现民主主义＝建设战后日本"这一等式，正是通过"主妇"即"主体"的建构得以实现。

在此，主妇们既是"美国化"同时也是"民族性"的主体。进入1960年代以后，男人们也通过这种"美国化"即"民族性"的存在建构其新的主体地位，具体表现就是在以"日本制造"所代表的技术主义来重建民族身份。这也是通过作为他者的美国视角来证明日本技术之优秀。也就是说在1960年代，日本的男性终于拂拭去了作为暴力象征的"美国"的阴影，"日本被侵犯"的不安也逐渐被忘却，取而代之的则是以技术力量决胜负这一新民族主义的男子气概。当然这种呈现方式也只能通过作为超越性视角的"美国"予以保证才具有意义和价值。

"亲美"与"反美"消失之时

近代以来日本的"亲美"与"反美"在全球性霸权体系与本国民众的感情之间，经过多重曲折的回合最终完成了建构。在幕末维新期，美国作为"自由圣地"被视为理想化的国家，这时日本知识分子的对美感情毫无疑问是"亲美"。日本确立天皇制国家体制之后，美国不再是日本人首要的关心对象，特别是日本走向帝国主义阶段以及日本移民遭受美国排斥之后，其视美国为太平洋彼岸"敌国"的意识上升。另一方面，20世纪初期的"大正民主"时期，作为"自由之国"的美国再次获得日本的关注，好莱坞电影、爵士乐等大众文化进入日本，知识分子对美国的批判与普罗大众对美国的青睐并行存在。

从占领期到1950年代，日本国内"亲美"与"反美"态度的对立日益尖锐化。一方面，占领期的日本民众对以电影、音乐、饮食、家具、住宅等为代表的美式生活充满憧憬。美国是"富足"的象征。战后日本的"民主化"对于日本民众而言，比起政治上的自由，他们更希望获得美国的那种富裕生活。但另一方面，美国遍布于日本各地的基地以及由此而引发的暴力抗争又让日本国内对抗性的民族主义情绪抬头。

进入1950年代末期，随着日本经济的高速增长的过程中，美国的"暴力色彩"开始淡出人们的视线（日本本土的去军事化以及冲绳的要塞化）。这一时期民众看待美国的视角开始从国家层面的"人间天皇"

"皇室一家"，向着家庭层面的"家庭主妇""技术人员"等形象转换，也就是消费型社会所蕴含的"美国主义"即"民族主义"结构。占领期间所呈现的麦克阿瑟与天皇的"拥抱"，如今不是自上而下，而是自下而上，基于每个人个体层面的日常实践而再现。

进入 1970 年代中期以后，这一过程进入临界点，即"亲美"和"反美"这一对立组合已经隐匿于人们的日常意识，也可以说是进入了"反美"这一立场失去现实支撑的时代。加藤典洋在《美国之影》（『アメリカの影』）中指出，文艺批评家江藤淳对村上龙 1976 年的作品《无限近似于透明的蓝》以及田中康夫 1980 年的作品《总觉得，水晶样》（『なんとなく、クリスタル』）给出了完全不同的评价。当时舆论界多肯定前者，反对后者，而江藤则是否定前者、积极评价后者，理由正来自于两者对于"美国"所表现出的不同态度。①

江藤对村上龙小说的不满在于，村上明确地将美国与日本的关系定位为占领者和被占领者的关系，并将"占领"作为一个问题来加以呈现。而江藤之所以高度评价田中的作品，是因为田中视美国为模糊的存在，描绘了"如空气般看不见、摸不着，却又将我们包围着的那种压倒性的脆弱感，以及每日的呼吸靠它来维持生存的生活感"。战后日本恰恰是生活在这样的美国阴影的言说之下，美国如空气一样无处不在，让日本民众无处可逃，这才是江藤对美国的认识。

①　加藤典洋『アメリカの影』河出書房新社、1985 年。

进入 1980 年代后，日常生活如水晶一样透明的日本民众，已经无法将"美国"定位成具有明确界限或轮廓的他者。美国如空气一样渗透进了日本人的日常生活，并让日本人由此构建出了自我。"村上龙是以自己的感觉来丈量'体制'，而田中康夫则不持有任何感觉，他反而是被'体制'所丈量。村上的小说即便是近乎无限透明但也不放弃立足于'蓝'（感觉）之上，而田中的小说则承认'总觉得如水晶般透明'的意识"。[1]

就这样，在 1970 年代以后的日本，"美国"已经不再被认为是他者。这时的日本社会已经将"美国"内化，同时却又把"日本"他者化。例如，从 1983 年在东京湾沿岸填埋地上建成的东京迪士尼乐园开园到今日，日本的年轻人已经完全成为迪士尼一代。但对于这些年轻人而言，迪士尼所代表的已经完全不是作为他者的美国。正如拙著所述，这些年轻人排斥面向外部世界的视野，把自己装扮成幻想中的人物，而且对于自导自演的角色乐在其中。[2]

在这一时期，日本人对美国的好感度维持在相当稳定的水准值。如本书序章所述，进入 1970 年代末期之后，七成左右的日本人对美国抱有好感，这堪称相当稳定的亲美社会形态。这种稳定性与独裁政权体制下所制造出来的"亲美"社会形成鲜明对比，如当时的韩国、中国台湾地区以及菲律宾，当独裁体制崩溃之后，民众的反美意识很快高涨

---

[1] 加藤典洋『アメリカの影』。
[2] 吉見俊哉「シミュラークルの楽園」多木浩二・内田隆三編『零の修辞学』リブロポート、1992 年。

起来。

正如本书多次强调的那样，战后日本这种形成的亲美感觉的定型与战后日本的后殖民帝国属性有关，即与日本在美国所主导的全球帝国体制中所占的一席之地有关。进入 1990 年代之后，日本国内新民族主义者抬头，他们一再拒绝同亚洲民众进行真诚对话，同时也拒绝重新审视过去的历史，反而是不断地为自我行动的正当化辩护，这种情况下日本与美国的关系也势必无法改变。进入 21 世纪之后，美国的布什政权蛮横地发动战争，而小泉纯一郎首相一方面坚持参拜靖国神社，另一方面则派遣自卫队到伊拉克，以"驻日美军"重组为契机进一步强化了日美同盟关系。在美国全球军事体制重组的过程中，日本这个国家只会强化对美军从属的程度。

但是，如今的时代似乎预兆着一个周期性循环的终结。美国在伊拉克的战争败局已定，其政策面临根本性的转换。即便如此，近些年在全世界范围内弥散的反美氛围却不会轻易消失，坚若磐石的美国霸权地位也可能走向衰落。此外，来自亚洲的民众则在不断追问近半个世纪以来日美"拥抱"所隐匿的各类问题。接下来随着后冷战时期世界局势的变动，美军与自卫队的一体化呈现在日本社会面前时，民众也势必会提高对这一动向的警戒心。在此背景下，关于战后"美国化"的日本以及日本所歌颂的后帝国秩序，其中哪些是不证自明的，哪些是销声匿迹的，需要我们打破"亲美"与"反美"这一对立图式来追问。在此基础上，日本有必要对亚洲、对历史、对多元复合的自我进行认真的反省。

后　记

我们必须要思考日本中的"美国"。我萌生这样的想法，始于当时尚处于泡沫经济时期的 1980 年代。1983 年开园的东京迪士尼大获成功，日本各地掀起了建设主题乐园的热潮。关于日本迪士尼乐园的消费情况，我曾写过几篇论文，意在说明"美国"已经不是大洋彼岸的他者，而是成为驱动日本社会文化消费的内部风向标。

在这些研究的延长线上，我必须要面对如下三个方面的课题：第一，我无意将消费与暴力，或者将主题乐园中的"美国"与军事基地中的"美国"分开处理，而是要找到两者在结构上的关联性；第二，从韩国、中国台湾地区、菲律宾、太平洋岛屿这一横向视角，来审视第二次世界大战后日本对"美国"的接纳与反抗；第三，基于与战前日本在亚洲的殖民主义的连续性这一角度来思考上述在亚洲存在的"美国"问题。

基于这一构思图式，我围绕战后日本对"美国"的接纳情况，从媒体上出现的形象、都市、度假区、住居空间等层面对上述问题进行思考。

该项研究未能一气呵成。从 1990 年代起，我在文化研究领域下了很多功夫，尤其是深化了同亚洲研究者之间的关系，另一方面也致力于木版画、新闻锦绘以及战时宣传资料的数字化工作。随着研究领域的扩大，我本人有关美国主义的研究也几度中断。

后来，"9·11"事件爆发，世界形势为之大变。随着美国暴力性的凸显，弄清日本在消费层面与美国的关系究竟如何成为非常紧要的研究课题。例如，度假区夏威夷、关岛、冲绳等与美军军事基地的关系；战后电视文化与占领军的关系；从占领军住宅到现代化生活空间的演变等。

但是，我的研究再度陷入停滞。伴随着国立大学法人化的进程，我本人所属的东京大学社会情报研究所与"情报学环·学际情报学府"合并成研究生院。合并后的研究生院约有 300 余名研究生，而我在调整课程方案以及教务相关领域颇费时间。2006 年 4 月起，我担任研究生院的院长，把八成以上的时间和精力都放在研究之外，如此每日循环。

在此背景下，本书得以付梓，有赖于多方的帮助和支持。自本书构思以来，书中的部分内容的原型曾先后以论文的形式公开发表，详情参考如下。

首先，有关本书序章中的研究视角，在下文中有更详细的探讨。「グローバリゼーションとアメリカン・ヘゲモニー」（テッサ・モーリス＝スズキ、吉見俊哉編著『グローバリゼーション・スタディーズ 2 グローバリゼーションの文化政治』平凡社、2004 年）。

关于第二章占领期间天皇这一形象的讨论可参考「メディアとしての天皇制」（網野善彦他編『岩波講座　天皇と王権を考える 10　王を

巡る視線』岩波書店、2002 年）。

　　第三章的讨论可见「「アメリカ」を欲望/忘却する戦後」（『現代思想』二九巻九号、2001 年）、「冷戦体制とアメリカニズムの消費」（小森陽一他編『岩波講座　近代日本の文化史 9　冷戦体制と資本の文化』岩波書店、2002 年）以及「ベースとビーチ」（吉見俊哉・若林幹夫編著『東京スタディーズ』紀伊国屋書店、2005 年，另有韩文版）。英文亦可见于，"'America' as Desire and Violence: Americanization in postwar Japan and Asia during the Cold War"（*Inter-Asia Cultural Studies*，Vol. 4，No. 3，Routledge，2003）。

　　第四章关于家电的讨论可参见「アメリカナイゼーションと文化の政治学」（見田宗介他編『岩波講座　現代社会学 1　現代社会の社会学』岩波書店、1997 年）和「メイド・イン・ジャパン」（嶋田厚他編『情報社会の文化 3　デザイン・テクノロジー・市場』東京大学出版会、1998 年）。英文亦可见 "Made in Japan: the cultural politics of 'home electrification' in postwar Japan"（*Madia*，*Culture* & *Society*，Vol. 21，No. 2，Sage，1999）。

　　终章有关鹤见良行的讨论可详参，「鶴見良行とアメリカ」（『思想』「特集　戦後 60 年」九八〇号、岩波書店、2005 年）。

　　本书所涉及的各项议题尚有深入考察的必要。从"日本"这个后帝国秩序的内部来思考"后殖民"的问题，很难绕开美国。所以接下来我计划在本书的延长线上，将东亚多元的历史连接起来思考"美国/全球"

的问题。

本书自构想以来耗时颇久，在此期间收到多位人士的积极建议。再次表示谢意的同时，请恕我难以一一列举出各位的名字。最后，由衷感谢岩波书店新书编辑部的上田麻里女士，她从本书执笔到出版全程给我提供了细致的帮助。

再次衷心感谢大家！

吉见俊哉

2007 年 3 月

SHINBEI TO HANBEI：SENGO NIHON NO SEIJITEKI MUISHIKI
by Shunya Yoshimi
© 2007 by Shunya Yoshimi
Originally published in 2007 by Iwanami Shoten，Publishers，Tokyo.
This simplified Chinese edition published 2024
by Shanghai Translation Publishing House，Shanghai
by arrangement with Iwanami Shoten，Publishers，Tokyo

图字：09－2021－143 号

图书在版编目（CIP）数据

亲美与反美：战后日本的政治无意识／（日）吉见
俊哉著；王广涛译. —上海：上海译文出版社，
2024. 3
（历史学堂）
ISBN 978－7－5327－9223－8

Ⅰ.①亲…　Ⅱ.①吉…②王…　Ⅲ.①日美关系-研
究　Ⅳ.①D831.32

中国国家版本馆 CIP 数据核字（2024）第 021986 号

亲美与反美——战后日本的政治无意识
[日] 吉见俊哉　著　王广涛　译
责任编辑/张吉人　薛　倩　装帧设计/赤　祥

上海译文出版社有限公司出版、发行
网址：www. yiwen. com. cn
201101　上海市闵行区号景路 159 弄 B 座
上海市崇明县裕安印刷厂印刷

开本 890×1240　1/32　印张 7　插页 2　字数 114,000
2024 年 3 月第 1 版　2024 年 3 月第 1 次印刷
印数：0,001—6,000 册

ISBN 978－7－5327－9223－8/K·313
定价：58.00 元